新时期酒店管理理论与实务研究

田　莹◎著

中国商业出版社

图书在版编目（CIP）数据

新时期酒店管理理论与实务研究 / 田莹著. -- 北京:
中国商业出版社, 2024.5
ISBN 978-7-5208-2903-8

Ⅰ. ①新… Ⅱ. ①田… Ⅲ. ①饭店－商业企业管理－研究 Ⅳ. ①F719.2

中国国家版本馆CIP数据核字(2024)第091871号

责任编辑：吴　倩

中国商业出版社出版发行
（www.zgsycb.com　100053　北京广安门内报国寺1号）
总编室：010-63180647　编辑室：010-83128926
发行部：010-83120835/8286
新华书店经销
北京七彩京通数码快印有限公司印刷

*

787毫米 × 1092毫米　16开　9.75印张　185千字
2024年5月第1版　2024年5月第1次印刷
定价：50.00元

* * * *

（如有印装质量问题可更换）

前　言

随着我国经济的不断发展，人们的休闲娱乐需求大幅增长，国内旅游业特别是酒店行业获得了较快的发展。酒店行业的蓬勃发展带动了酒店人才需求的急剧增加，国内众多高等院校纷纷设置了酒店管理专业，或在旅游管理专业基础上开设酒店管理方向课程，为旅游行业、酒店行业培养、输送了大量优秀的应用型专业人才。

本书内容丰富，包括酒店管理的基础认知，酒店计划与营销管理，酒店前厅、客房与餐饮管理，酒店服务质量管理，酒店危机、信息与安全管理，酒店其他管理与创新等内容，理论与实践紧密结合，前瞻性与现实性相统一，深入浅出。本书既可作为高等院校酒店管理专业及旅游类专业的参考用书，也可作为与酒店相关的企业职工培训的参考用书。

在本书撰写的过程中，得到了很多宝贵的建议，谨在此表示感谢。同时，参阅了大量的相关著作和文献，在参考文献中未能一一列出，在此向相关著作和文献的作者表示诚挚的感谢和敬意，同时也请对撰写工作中的不周之处予以谅解。由于作者水平有限，编写时间仓促，书中难免会有疏漏不妥之处，恳请专家、同行不吝赐教。

目录

第一章　酒店管理的基础认知 …… 1

第一节　酒店概述 …… 1

第二节　酒店管理的基本原理 …… 6

第三节　酒店管理的基础理论 …… 11

第二章　酒店计划与营销管理 …… 15

第一节　酒店计划管理 …… 15

第二节　酒店营销管理 …… 20

第三章　酒店前厅、客房与餐饮管理 …… 37

第一节　酒店前厅管理 …… 37

第二节　酒店客房管理 …… 44

第三节　酒店餐饮管理 …… 53

第四章　酒店服务质量管理 …… 69

第一节　酒店服务 …… 69

第二节　酒店服务质量管理 …… 87

第五章　酒店危机、信息与安全管理 …… 95

第一节　酒店危机管理 …… 95

第二节　酒店信息与安全管理 …… 111

第六章　酒店其他管理及创新 …… 130

第一节　酒店伦理与职业道德管理 …… 130
第二节　酒店企业文化管理及创新 …… 134
第三节　基于互联网思维的酒店管理模式及创新 …… 140
第四节　酒店未来发展趋势 …… 143

参考文献 …… 146

第一章　酒店管理的基础认知

第一节　酒店概述

一、酒店的含义

酒店业的发展源远流长，对酒店的解释也可追溯到千年之前，只是由于地域、语言、风俗的差异，对酒店的称呼不尽相同，但本质却是相同的。

酒店应具备以下五个条件：①拥有一个或多个建筑物组成的接待设施。②基本功能是提供住宿和餐饮服务，同时可提供其他服务。③服务对象为公众，主要是外出旅行的人，同时也包括本地居民和半永久性居住的人。④性质上属于商业性的服务企业，以营利为主要目的，使用者需支付一定费用。⑤拥有独立的经营自主权，是经由法定程序批准的法人代表单位。

综上所述，酒店可定义为：以建筑物及其设施、设备为凭借，为宾客提供食宿、娱乐、购物、消遣、通信、商务、旅行服务而获得经济效益和社会效益的综合性经济实体。

二、酒店的特点

酒店是服务性企业，与其他独立的营利性经济组织一样具备经营上的自主性、组织上的完整性、经济上的独立性及对外关系的法人地位等基本特性。除此之外，又有其不同之处。

（一）服务性

酒店是服务性企业，酒店产品就是有形的设施设备与无形的劳务服务的有机结合，其中生产和销售的主要产品就是服务，设施设备所起的作用就是促进服务的销售。酒店服务产品具有无形性、生产与消费的同时性、价值的不可储存性、质量的不稳定性等特点，这些因素都决定了酒店与其他企业的不同，同时也决定了酒店经营管理的独特性。酒店的经营活动是以租让酒店设施的使用权的形式进行，也就是说客人只是在一定时间和空间内购得有形设施的临时使用权，却无法像购买其他实体产品那样拥有对有形设施的所有权，酒店员工提供的服务贯穿客人的整个消费过程。

（二）综合性

酒店的综合性主要是指酒店所提供服务的多样性。现代酒店除了要满足客人最基本的住宿和餐饮的需求，还要满足客人的多种其他需求，诸如购物、娱乐、会议等。服务质量已经成为衡量酒店优劣的重要标准。随着消费者的要求越来越高，综合服务已经成为酒店参与市场竞争非常重要的手段，也就是说一家酒店的功能设施越是完备，就越能满足客人多种多样的消费需求，也就越具有市场竞争力。

（三）手工操作比重大

酒店业的手工操作比重大是指酒店员工的手工操作在酒店产品生产过程中占据了较大比重。随着经济的发展和科学技术的进步，酒店的智能化管理不断升级，所拥有的设施设备和前后台正逐步实现自动化控制。但酒店业是劳动密集型行业，主要产品是服务，而服务的完成以及衡量服务质量高低的关键因素就是员工。尤其是酒店客房部和餐饮部两大部门，更是集中体现了酒店业手工操作的典型特点。

（四）享受性

酒店产品的享受性是指客人的要求要高于日常生活，而不只是简单的物质需要。这是现代消费的必然需求，也是酒店产品与一般商品和服务的主要区别。一般情况下，酒店用品的等级要高于日常生活用品的等级，如客房的装修、物品的配备等。客人支付一定的金钱就是要换取相对应价值的服务与消费享受。在酒店的消费环境下，客人相对日常生活环境较为放松，对硬件设施与服务质量都要提出一定的要求，表现出不同程度的挑剔，这些都是享受性的体现。

三、酒店的产业地位与作用

（一）酒店是旅游者的活动基地

酒店是客人的“家外之家”，使客人能够感受如家一般的亲切、舒适与方便，是酒店经营管理的宗旨，对出门在外的旅游者来说这一点尤为重要。旅游者因各种各样的原因来到异地，首先要解决的就是住宿和餐饮的问题，在此基础上才能进行其他活动。从这个意义上来说，酒店是旅游者的活动基地。

（二）酒店是旅游业收入的重要来源

酒店是旅游业收入的主要来源之一（其余为旅行社、旅游景点和旅游交通），是发展旅游业的重要物质基础。同时，酒店也是旅游外汇收入的重要来源，因为酒店的经营方式是一种就地出口的商品贸易经营方式，有利于国家外汇收支的平衡和旅游业的发展。

（三）酒店是创造就业机会的重要部门并能促进相关行业的发展

酒店是劳动密集型行业。酒店行业又是综合性的服务行业，它的发展会带动诸如建材、酒店用品、室内装饰等行业的发展，即产生所谓的“连锁反应”。

（四）酒店是各地经济发展的重要标志

现代酒店尤其是高星级酒店已经成为一个城市、地区乃至一个国家经济发展的重要标志，一定程度上代表了一个国家或地区的形象，是一个国家或地区国民经济发展水平的综合体现。

四、酒店的类型

根据不同的分类方法可以将酒店分成不同的类型，其中常见的有以下几种分类方法。

（一）根据酒店的功能分类

1. 商务型酒店

商务型酒店也称暂住型酒店，以商务客人为主要接待对象，同时还接待一般旅游者。商务型酒店除了具有一般酒店所具备的设备条件和服务项目外，满足商务活动的各种商务设施如国际直拨电话、客房计算机和网络系统、传真与复印机、不同规模的会议场所等一应俱全，提供翻译、复印、打字、机场接送等服务。商务型酒店一般处于城市商业区，交通便利，周边配套设施齐全。

2. 度假型酒店

度假型酒店的主要目标顾客是度假、休闲和会议顾客，最大的特点是拥有良好的环境和完备的康体、娱乐设施。因此，度假型酒店一般位于交通方便、气候宜人的风景名胜区或名山秀水附近。发展到现在，在城郊或者市中心也建立了一些度假型酒店，并且配套设施越来越高档，如高尔夫球场等。

3. 会议型酒店

会议型酒店主要是针对会议团体的需求而设定的一种酒店，因为其关注的焦点是会议市场，所以强调酒店拥有能够使会议成功的一切会议设施与服务，如各种类型的会议室、齐全的会务设施（多媒体设备、同声传译系统等）、充足的停车位、高品质的客房与餐饮等。会议型酒店常常建设在风景名胜区或交通便利的政治、经济、文化中心城市。根据国际会议协会的标准，会议型酒店的会议业务至少应占总业务的60%或以上，供会议使用的空间也应占总面积的60%或以上，因此，会议型酒店的规模通常是中型至特大型。

4. 长住型酒店

长住型酒店一般是为长住客人设计的，客房以套房为主，最大的特点是客房设计为家居形式。每套客房包括客厅、卧室、厨房、卫生间、洗衣房及办公室等，配有整套的生活设施及公用的娱乐、健身设施。长住型酒店的经营策略、计价方式和服务方法都比较灵活，租期可以为1周、1月、1年、5年或者更长时间，清洁工作可以根据需要进行，房间用品可以由酒店提供，或者由客人自己购买。

（二）根据不同的计价方式分类

1. 欧式计价酒店

世界上绝大多数酒店属于欧式计价酒店。欧式计价酒店的客房价格仅仅是指房租，不包含食品费、饮料费及其他费用。

2. 美式计价酒店

与欧式计价酒店不同，美式计价酒店的客房价格不仅包含房租，还包括早、中、晚三餐的费用，主要是为客人饮食不方便考虑。除了地处偏远的一些度假型酒店之外，目前这类酒店数量很少。

3. 修正美式计价酒店

修正美式计价酒店的客房价格包括房租及一份早餐和一份正餐（中餐或晚餐）的费用，主要是为了适应客人的需要，以便客人有较大的自由安排白天的活动。

4. 欧陆式计价酒店

欧陆式计价酒店的客房价格包括房租和一份简单的欧陆式早餐，即咖啡、面包和果汁。欧陆式计价酒店一般不设餐厅。

5. 百慕大计价酒店

百慕大计价酒店的客房价格包括房租和一份美式早餐的费用。美式早餐相对欧陆式早餐项目繁多，也被称为“复杂式早餐”，除了与欧陆式早餐相同的项目如咖啡或茶、黄油、果酱、面包和果汁外，还包括英式早餐中的煮黄豆、德式早餐中的香肠，还有麦片、谷物粥类、鸡蛋类、肉食类等食品。

（三）根据酒店的规模分类

酒店的规模一般指客房的数量。国际上普遍采用两种方式对酒店规模进行分类：①拥有 300 间以下客房的酒店为小型酒店；拥有 300~600 间客房的酒店为中型酒店；拥有 600 间及以上客房的酒店为大型酒店。②拥有 25 间以下客房的酒店为小型酒店；拥有 25~100 间客房的酒店为中型酒店；拥有 101~300 间客房的酒店为较大型酒店；拥有 300 间以上客房的酒店为大型酒店。

（四）根据其他标准分类

1. 根据产权形式进行划分

一种是将酒店分为国有酒店、合资酒店、外资酒店和私营酒店等类型；另一种是将酒店分为个体经营酒店、合伙经营酒店、酒店有限责任公司、酒店股份有限公司和酒店集团。

2. 根据酒店地点进行划分

可以将酒店分为机场酒店、汽车酒店、城市酒店、郊区酒店、度假地酒店、高速公路酒店等类型。

3. 根据酒店建筑投资费用进行划分

可以将酒店分为低档酒店、中高档酒店和豪华酒店。按照国际标准，以一个标准间来计算，低档酒店一个标准间的建筑投资总费用为 2 万~4 万美元，中高档酒店为 4 万~6 万美元，高档酒店为 8 万美元以上。

五、酒店等级划分的目的与作用

酒店等级是指世界各国政府或旅游管理机构等按照一定标准、根据酒店设施和服务特色与质量对酒店进行总体的质量与等级评价，然后将表示等级的标志在酒店显眼的位置上公布出来。虽然各个国家的评定机构、评定要求与标准不尽相同，到目前为止全世界还没有一套统一的国际酒店等级划分系统，但划分目的却是一致的，主要表现为以下三个方面。

（一）保护消费者利益

酒店等级不同代表了不同的酒店设施和服务质量，也就意味着不同的价格水平。一方面方便了顾客在购买前了解有关酒店的信息，从而有利于顾客根据自己的实际需要与消费能力来选择相应的酒店产品与服务；另一方面也保护了顾客的消费利益。随着酒店等级制度在全世界范围内的普及与完善，酒店等级已经成为酒店产品质量的象征。

（二）促进酒店的经营与发展

酒店的等级制度对酒店自身的经营与发展具有巨大的促进作用。第一，对每一家酒店而言，酒店的等级是对酒店最直接、最有效的一种宣传促销，同时有了等级制度的规定与指导，酒店在硬件设施配备、提供服务的质量、日常经营管理等方面的盲目性、不规范性和随机性大大减少，酒店管理的科学性与有效性得以提高。第二，对整个酒店行业的发展而言，等级制度的实行有利于从整体上把握整个行业的等级状况，最大限度地合理分配市场资源，避免恶性竞争，同时有利于规范同等级酒店的市场竞争行为，如星级不同的酒店面对不同的目标消费群体。第三，酒店的等级制度保护了酒店企业的合法权益，让顾客不仅按照等级标准消费也要按照等级标准付费。

（三）便于行业管理与监督

实行酒店等级制度还有一个好处就是便于行业的监督与管理，能够控制和规范整个行业的经营水平与经营行为，优化市场环境，杜绝不正当竞争与危害社会公众的行为，推动酒店业有序健康的发展。

第二节　酒店管理的基本原理

一、古典管理理论

（一）泰罗的科学管理理论

20 世纪初，在西方工业国家影响最大、推广最普遍的科学管理包括一系列关于生产组织合理化和生产作业标准化的科学方法及理论依据，因其最初由美国机械工程师泰罗首先提出并极力推广，因此也被称为“泰罗制”。19 世纪末 20 世纪初，机器和机器体系在工业生产中的广泛运用，一方面使企业的生产规模越来越大，复杂程度不断提高；另一方面也使生产技术越来越多地掌握在工人手中，资本家无法完全控制工人的作业方法和作业时间。因此，凭经验和判断来进行的传统管理方式不再适应机械化大生产的要求，企业管理逐渐要求从传统的经验管理走向科学管理。

（二）法约尔的一般管理理论

法约尔认为经营和管理是两个不同的概念，管理只是经营的一部分，本身由计划、组织、指挥、协调、控制等一系列职能构成。除了管理，经营还包括技术活动、商业活动、财务活动、安全活动以及会计活动五个方面。经营的这六个方面的活动以不同方式不同程度地存在于任何组织的任何层次中，因此组织中不同层次的工作人员都应根据任务的特点拥有相应的知识和能力。法约尔指出，要适应企业经营的需要，必须加强管理教育，“尽快建立一种管理理论”，建立一种得到公认的理论，包括为普遍的经验所验证过的一套原则、规则、方法和程序。

二、行为科学理论

（一）人际关系论

1. 企业职工是“社会人”，而非“经济人”

霍桑实验表明，物质条件的改变不是劳动生产率提高或降低的决定性原因，甚至计件制的刺激工资对于产量的影响也不及生产集体所形成的一种自然力量大。因此，梅奥等人创立了“社会人”的假说，即认为企业的员工并非单纯追求金钱收入，他们还有社会、心理方面的需求，追求人与人之间的友情、安全感、归属感和被尊重感等。

2. 企业中存在着一种“非正式组织”

企业员工在共同工作、共同生产中，必然会产生相互之间的人群关系，加深相互了解，产生共同的感情，自然形成一种行为准则或惯例，逐渐发展成一种相对稳定的“非正式组织”。“非正式组织”必然存在，与正式组织相互依存，而且通过影响工人的工作态度来影响企业的生产效率和目标的达成。

3. 新的领导力在于提高职工满足程度的能力

梅奥等人根据霍桑实验得出结论，生产效率的高低主要取决于工人的士气，而“士气”的高低取决于安全感、归属感等社会、心理方面的需要的满足程度，家庭、社会生活的影响以及企业中人与人之间的关系。因此，新型的领导方法要求管理者转变管理观念，重视“人的因素”，认真分析职工的需求特点，不仅要解决工人生产技术或物质生活方面的问题，还要掌握他们的心理状况，了解他们的思想情绪，以采取措施提高士气，促进协作，达到提高生产效率的目的。

人群关系理论是“行为科学”学派的早期管理思想，只强调要重视人的行为。自此以后，诸多管理学家、社会学家、心理学家从行为的特点、行为的环境、行为的过程以及行为的原因等多种角度展开了对人的行为的研究，使行为科学成为现代人本管理理论的一个重要流派。

（二）需求层次理论

“需求层次理论”有两个基本点：一是人的需要取决于他已经得到了什么，尚缺少什么，只有尚未满足的需要才能够影响行为；二是人的需要都有轻重层次，某一层次需要得到满足后，另一个需要才会出现。大多数人的需要可以分为以下五类。

1. 生理的需要

这是人类最原始的基本需要，包括基本的生活要求，如衣、食、住、行等。

2. 安全的需要

这是继生理需要得到满足后产生的高一层次的需要，分为两类：一是现在安全的需要，即要求自己现在的社会生活的各个方面的安全均能有所保证，如就业安全、生产过程中的劳动安全、社会生活中的人身安全等；二是对未来安全的需要，即希望未来的生活能有所保障，如病、老、伤、残后的生活保障等。

3. 社交的需要

社交的需要包括人与人之间的友谊、忠诚、爱情、归属感等各方面的需要。人们的生活和工作是在一定的社会环境中进行的，希望在社会生活中受到别人的注意、接纳、关心、友爱和同情，从属于一个小群体。社交的需要比生理和安全的需要更细致，需要的程度也因每个人的性格、经历、受教育程度不同而有所差异。

4. 尊重的需要

尊重包括自尊和受人尊重。自尊是指在自己取得成功时的自豪感；受别人尊重是指当自己做出贡献时能得到他们的上司和同事等的较好的评价和赞扬，一定的社会地位、名望、个人能力及成就得到社会认可。

5. 自我实现的需要

这是最高层次的需要，即希望在工作上有所成就，在事业上有所建树，实现个人理想抱负。自我实现的需要通常表现在胜任感和成就感两方面，马斯洛认为这种需要就是“人希望越变越完美的欲望，人要实现他所能实现的一切欲望”。

需求层次理论在实际工作中得到了广泛应用，但它并没有注意到工作和工作环境的关系，而且只说明了需要与激励之间的一般关系，没有考虑到不同的人对相同的需要的反映方式往往是不同的。

（三）双因素理论

双因素理论是一种激励模式理论，影响人们行为的因素主要有保健因素和激励因素两类。

保健因素是指那些与人们的不满情绪有关的因素，处理得不好会引发对工作不满情绪的产生；处理得好可以预防或消除这种不满，但不起激励作用，只能起到保持人的积极性、维持工作现状的作用。保健因素主要有企业的政策与行政管理、监督、与上级的关系、与同事的关系、与下级的关系、工资、工作安全、个人生活、工作条件、地位。

激励因素是指那些与人们的满意情绪有关的因素。与激励因素有关的工作处理得当，能够使人们产生满意情绪；如果处理不当，其不利效果只是没有满意情绪，而不会导致不满。激励因素主要包括工作上的成就感、受到重视、工作本身的性质、个人发展的可能性、责任。

从上述两类因素可以看出，激励因素是以工作为中心的，保健因素则与工作的外部环境有关，属于保证工作完成的基本条件。这一理论的启示是：要调动和维持员工的积极性，要做好与保健因素相关的工作，防止不满情绪的产生，但更重要的是要利用激励因素去激发员工的工作热情。双因素理论对需要层次论作了补充，划分了激励因素和保健因素的界限，分析出各种激励因素主要来自工作本身，这就为激励工作指明了方向。

（四）X-Y 理论

X 理论对人的本性的假设是：一般人都有好逸恶劳、尽可能逃避工作的特性。因此，对于大多数人来说，仅用奖赏的办法不足以战胜其厌恶工作的倾向，必须以强制、监督、指挥并惩罚进行威胁；一般人都胸无大志，愿意接受别人的指挥或领导，而不愿主动承担责任；人生来就以自我为中心，对组织的要求和目标漠不关心；人是缺乏理性的，一般不能控制自己，易受外界或他人的影响。

与X理论相反的Y理论是较为传统的X理论的合理替换物。Y理论对人的本性的假设是：人并不是生来就懒惰，他们对工作的喜欢和憎恶取决于这份工作对他是一种满足还是一种惩罚；正常情况下，一般人不但会接受责任，而且会追求责任。逃避责任、缺乏雄心壮志以及强调安全感是经验造成的，而非源于人的本性；人们都热衷于发挥自己的才能和创造性。

对比X理论和Y理论可以发现，其差别在于对工人的需要看法不同，因此采用的管理方法也不相同。按X理论来看待工人的需要，进行管理就要采取严格的控制、强制方式；而按Y理论看待工人的需要，管理者就要创造一个能多方面满足工人需要的环境，使人们的智慧、能力得以充分的发挥，以更好地实现组织和个人的目标。

三、当代管理理论

（一）权变管理理论

权变管理理论的核心内容认为在环境变量与管理变量之间存在一种函数关系，把环境对管理的作用具体化。其中环境变量分外部环境变量和内部环境变量。外部环境变量既包括由社会的、经济的、政治的、法律的和技术的力量组成的，对组织系统有巨大、间接影响的一般外部环境变量，也包括由供应商、顾客、竞争者组成的，对正式组织系统有直接影响的特殊环境变量。内部环境变量则是指组织系统，包括组织结构、组织决策、内部信息交流以及管理流程的控制过程等。权变管理理论认为并不存在一种适用于各种情况的普遍的管理原则和方法，管理人员的任务就是研究组织外部的经营环境和内部的各种因素，厘清这些因素之间的关系及其发展趋势，从而决定采用哪些适宜的管理模式和方法。

由于由各个相互联系的部分组成的系统之间和系统内部存在着相互联系、相互作用的关系，企业在不同条件下的权变管理必须系统化，且要通过大量细致的调查研究和全面深入的科学分析来把握独立的环境变量同从属的管理变量之间的关系实质。企业内外部环境的不断变化也要求权变管理应富于创新性、创造性。

（二）战略管理理论

战略管理就是组织确定其使命，根据对组织外部环境和内部经营条件的分析，确定组织的经营宗旨和战略目标，为保证目标的正确落实和实现进行谋划，并依据组织内部能力将这种谋划和决策付诸实施，以及实施过程中进行控制的一个动态过程。战略管理理论的研究焦点是组织的战略决策问题，其研究从开始到现在，已形成了较为完整的理论体系，并先后形成了诸多理论学派，分别是设计学派、计划学派、定位学派、企业家学派、认知学派、学习学派、权力学派、文化学派、环境学派和结构学派。

（三）学习型组织理论

学习型组织是指通过培养弥漫于整个组织的学习气氛，充分发挥员工的创造性思维能力而建立起来的一种有机的、高度柔性的、扁平的、符合人性的、能够持续发展的组织。学习型组织是具有持续创新能力、能不断创造未来的组织，能在内部建立起完善的学习机制，将成员与工作持续结合起来，使组织在个人、工作团队及整个系统三个层次上得到共同发展，形成“学习—持续改进—建立竞争优势”这一良性循环。

学习型组织更适用于团队性、项目性和创新性的工作，有利于员工的相互影响、沟通和知识共享，有利于企业的知识深化和更新，从而增强企业的竞争力及其对环境的适应能力。目前酒店客人的需求及酒店服务人员的工作能力均处于变化之中，学习型组织是酒店更好地创新服务、创造体验价值的必然选择。酒店创建学习型组织可以通过快速学习、吸收改造、超越自我，构筑自己的核心能力，应对各种激烈的市场竞争环境。

第三节 酒店管理的基础理论

一、战略管理理念

酒店战略着眼于酒店的使命，指引酒店经营管理的方向，是酒店健康发展的前提和基础。酒店实施战略管理一方面可以通过制定酒店的发展目标，正确认识其内外部的发展环境，审时度势地整合相关资源，调整发展方向，以提高酒店综合素质，发挥竞争优势；另一方面通过把酒店的战略目标和当前工作紧密结合，极大地调动员工的积极性，加强全体管理人员和员工对酒店的责任感。另外，战略管理也是考核、评价酒店中、长期经营效果的重要工具，有利于对酒店的发展进行正确的评估、调整和决策。随着我国酒店业的日趋成熟和国外酒店集团的全方位进入，酒店业的竞争日益激烈，战略管理已成为酒店更好地提升竞争能力、谋求持续发展的重要武器。酒店管理者必须比以往更有意识地关注市场环境的细微变化和供求趋势，关注酒店业客源市场的变化，注重品牌竞争和顾客忠诚度的竞争，从而更为主动地运用、调整经营战略。

战略管理可以使企业更好地明确自己的目标，提高综合素质和生命力，发挥竞争优势。战略制定的过程也提供了激励员工的机会，加强了全体管理人员和员工对企业的责任感。因此，在市场竞争日益激烈的条件下，企业实施战略管理十分必要。

二、人本管理理念

酒店是为客人提供住宿、餐饮及其他所需服务的劳动密集型企业。员工是面向顾客提供服务的最终对象，员工的态度和形象是顾客对酒店的第一印象，员工所掌握的知识、技能、信息及其所持有的价值观、理念和道德观念等也是酒店竞争力的基础。酒店业中“顾客至上”的要求使员工成为酒店经营管理活动的中心。树立人本管理理念，就是要在物质上和精神上尽量满足员工的需求，以稳定员工队伍，保证酒店的服务质量水平，提升酒店的整体竞争力。

酒店实施人本管理理念，要做好以下五个方面。

（一）融入情感管理

人本管理理念强调酒店所有员工的平等地位，要求管理者尊重员工、理解员工、关心员工，善于沟通，以提高员工的创造力为手段，以提高员工的工作生活质量为目标，在劳动分工的基础上互相尊重和密切协作。情感管理为员工提供轻松、愉快、和谐、充满人情味的工作环境，为员工提供更大的个性发展空间，从而使员工工作时拥有良好的心情，主动、愉悦地为客人提供发自内心的微笑服务、尽善尽美的个性化服务以及物超所值的其他服务。

（二）建立人性化的柔性人力资源管理体制

根据酒店生命周期变化和市场需求变化进行人力资源的需求定位。管理者要充分考虑每个员工的个性需求，通过酒店内部人力资源的优化配置，把每位员工安排在与自身条件相符的岗位上，并主张尽可能地为员工提供宽松的工作环境及良好的工作氛围和人文环境。

（三）减少管理层次，实施服务授权

酒店应授予接待人员适度的权利，一方面可以使员工在职权范围内更快、更高效地解决客人遇到的问题，维护酒店形象；另一方面也为员工创造参与酒店管理的机会，增强其责任心和使命感，满足其精神上高层次的需求。

（四）实施民主管理

管理者作出决策前，应广泛听取员工的意见。酒店可以设立总经理信箱或总经理接待日，给员工一对一提意见和建议的机会，也可设立“员工建议奖”，鼓励员工提合理化建议，重视员工所提建议。此外，管理者要深入基层，切实体会员工的意愿和需要。这不仅有利于提高决策的正确性，还能提高员工的士气，使决策更易于贯彻执行，更易于让员工接受

（五）重视员工交叉培训，提升其综合素质

交叉培训是一种让员工通过接受额外服务技巧的培训来满足不止一个工作岗位需要的培训方式，已被越来越多的酒店作为保持人员素质优势、提高服务质量及竞争力的重要手段。实施交叉培训，使员工一专多能，不仅有利于增强员工的集体主义观念和协作精神，有利于提高工作效能，增加顾客的满意度，而且也有助于增加员工工作的新鲜感，提高员工综合素质，利于其职业发展。

三、市场竞争理念

酒店市场的竞争越来越激烈。要想在激烈的竞争中留住顾客，有效地吸引顾客，酒店必须树立市场竞争理念，不断地探索顾客的需求，并根据自身的特点最大限度满足顾客需求。要进行有效的市场竞争，酒店一方面要根据自身特点制定合理的价格，创新体验，注重文化，努力打造酒店的自主品牌，而不是进行低价竞争；另一方面也要不断引导消费，不断创新服务理念、服务方式、服务项目和产品，培育和创造新的市场，与相关企业建立竞争合作关系，实现协作共赢。除此之外，酒店还必须根据竞争环境及自身发展的需要，运用先进的营销理念和营销策略，进行全方位、立体化、多层次的营销活动，全面展示酒店的品牌和特色，提高酒店的市场知名度和美誉度。

四、诚信经营理念

诚信经营是酒店生存的基础，也是酒店经营管理必备的理念之一。诚信的基本含义是守诺、践约、无欺。酒店在应对市场竞争的过程中，不仅要追求产品与服务的创新性与特殊性，更要注重最基本的诚信经营，做到“言必行，已诺必诚”，否则会降低顾客对酒店的忠诚度，损害其在行业中的品牌形象和社会声誉，对酒店的经营造成致命的打击。

酒店应重视自身的诚信建设，制定诚信经营的目标，培育和传播酒店诚信文化，对员

工进行诚信教育，使诚信经营的理念渗透员工心里，落实到日常工作中，并监督促进酒店的诚信建设。同时，酒店应重视并满足顾客对酒店产品与服务知情的权利，自觉接受消费者的监督，让顾客在酒店明明白白地消费，使其真切地感受到酒店给予的优质服务与真诚用心，从而提升顾客对酒店的忠诚度。诚信经营还要求酒店在经营过程中遵守相关法律法规所规定的原则和义务，依法经营，公平竞争，重合同守信誉。

五、国际化理念

酒店行业是我国开放最早的行业之一，诸多世界知名的酒店集团进驻我国酒店市场，提高了酒店行业竞争的程度和层次。因此，现代酒店管理必须树立国际化理念，具备宽广的国际视野。国际化理念要求酒店以多元化视角和全球化战略眼光观察国际酒店业的发展特点和趋势，认真剖析国际酒店业的成功经验，将国际酒店业的先进水平作为标杆，立足自身酒店的发展实际和需求进行定位，创新服务与产品。

酒店可通过特许经营、管理模式、战略联盟等形式进行国际化经营，以获取在规模经济、市场营销、风险扩散、融资等方面的竞争优势，利用电子预订、网络预订、电子信息和电子结算等现代信息技术，促进酒店管理和服务的水平，培养酒店专业人才。

六、顾客为本的理念

酒店管理中要树立以顾客为本的理念，其中的顾客不仅指酒店外部顾客，也包括了酒店内部其他的业务部门和员工。以顾客为本的酒店管理是用服务至上的酒店管理哲学，制定以顾客为导向的酒店管理模式，实施让顾客满意的酒店管理实践。在了解顾客需求的基础上，酒店管理部门通过制定一系列适当的规则来规范服务的提供者（员工）和服务的使用者（酒店客人）之间的交流活动，以更好地服务于顾客。这样既支持配合了酒店的长远发展，也从根本上突出了酒店管理的价值。酒店要以坚持顾客价值为导向，优化服务项目设计与服务流程，制定明确、具体的服务标准和服务质量管理体系来控制酒店服务产品的质量，以确保为顾客提供优质的服务和消费体验，提高顾客满意度及其对酒店的忠诚度。同时，酒店也应加强人力资源管理和培训，不断提高员工素质和技术技能，增强其顾客为本的理念，以适应酒店发展和对顾客服务的需要。

第二章　酒店计划与营销管理

第一节　酒店计划管理

一、酒店计划管理基础知识

酒店计划管理是酒店管理者依据内外环境条件，用科学的方法通过对计划的编制、执行和控制来指导酒店的业务活动，确保酒店经济效益和社会效益的取得。

酒店计划管理规定了酒店在计划期内经营管理的主要内容，使酒店的一切工作围绕计划预定的目标方向而进行。然而，随着酒店规模的扩大，需要酒店能够统一安排工作，以减少重复和摩擦，各部门将根据酒店的计划确定本部门的经营活动计划。酒店计划规定了酒店未来一定时期要实现的活动目标，并提出了实现活动指标的各种措施，减少支出，增加收入，使酒店在计划管理的指导下，不断提高经济效益。

（一）酒店计划管理的内容

1. 酒店经营战略计划

它确定了酒店未来发展水平和标准、经营规模、接待能力、酒店各项经济效益指标的增长水平、酒店固定资产建设计划、员工培训计划和职工生活福利水平等方面的酒店长期发展计划。

2. 酒店市场营销计划

它规划了酒店的客源结构、客源市场占有率等，同时还确定了酒店的产品结构、档次及产品的组合方式等，并指出酒店面向的主要推销方向及市场营销策略。

3. 酒店销售计划

它规划了酒店的销售目标和盈利水平。在销售计划中，需要具体规定酒店销售的措施、费用、时期及控制和评估方法等。

4. 酒店接待业务计划

它确定了各种接待业务的接待总人数、客源的组织形式、客人的来源和不同客人的安排方式等方面的内容。

5. 酒店劳动工资计划

它确定了计划期内酒店正常经营所需的职工人数，人员素质标准和劳动组织的基本形式，酒店全员劳动生产率，酒店的工资总额、平均工资额、奖金津贴和其他工资的支付额度等方面的内容。

6. 酒店设备建设和维修计划

它确定了酒店计划期内正常经营所需增添的设备种类、数量、资金来源和设备更新改造计划。此外，它还需要确定日常修理方式、工作量、计划修理的周期和方法及计划修理的替代方案、经费预算和力量安排等方面的内容。

7. 酒店财务计划

它规定了酒店资金使用的主要方面，如制定固定资产的折旧、营运资金的需要量和周转速度、收入与利润的分配、成本与费用计划等。

8. 酒店物资供应计划

它确定了酒店各部门各种主要物资的种类、数量、质量、规格、特性等方面的基本要求，规定各类物资在计划期内的需求量、进货渠道、采购批量等。

9. 酒店职工培训计划

它规划了一定时期内酒店员工的来源、素质要求所要达到的标准，还规定了员工来自社会招工、职业学校和大专院校的结构安排，确定酒店职工短期和长期的培训内容、层次和时间安排等。

（二）酒店计划管理的意义

1. 明确酒店的发展目标

酒店计划管理规定了酒店在计划期内经营管理的主要内容，使酒店的一切工作都围绕计划预定的目标方向进行。

2. 协调酒店内部工作

酒店计划管理有利于控制下属，评价下属的工作状况和酒店的经营业绩。随着酒店规模的扩大，需要酒店能够统一安排工作，以减少重复和摩擦。各部门将根据酒店计划确定本部门的经营活动计划，并和酒店的总体计划相协调。

3. 提高酒店的经营管理水平

酒店计划管理为酒店各项职能发挥作用提供了实际的依据，促使管理者选择更加有效的经营管理方案。由于酒店计划规定了酒店未来一定时期内要实现的活动指标，并提出了实现活动指标的各种措施，因此可以降低劳动消耗，减少支出，增加收入，使酒店在经营管理计划的指导下，不断提高经济效益。

（三）酒店计划的类型

酒店计划的种类比较多，而且用途不同，不同形式的计划组成了不同层次的酒店计划体系。一般根据时间、范围、职能将酒店计划进行分类：①按照时间跨度，酒店计划可以分为长期计划、中期计划和短期计划。②按照范围广度，酒店计划可以分为战略计划、战术计划和作业计划。③按照职能，酒店计划可以分为前厅接待计划、餐饮计划、公共计划、财务计划和人事计划等。④特殊计划，除了以上的计划类型外，酒店还有很多特殊类型的计划，如政策、规划、预算等。

二、酒店计划工作的程序

酒店计划工作的程序主要包括估量机会、确定目标、确定前提条件、拟订可供选择的方案、评价备选方案、选择方案、制订辅助计划、编制预算。

①估量机会：市场需求变化趋势、竞争对手动向、本酒店的优势、本酒店的劣势。

②确定目标：酒店计划往何方向发展、打算实现什么目标、何时实现。

③确定前提条件：酒店的计划在什么环境（酒店内部和外部的）下实施。

④拟订可供选择的方案：为了实现目标，有哪些最具有希望的方案。

⑤评价备选方案：哪个方案最有可能使酒店以最低的成本和最高的效益实现目标。

⑥选择方案：选定酒店将采取的行动方案。

⑦制订辅助计划：投资计划、接待计划、采购计划。

⑧编制预算：项目预算、销售预算、采购预算、工资预算。

三、保证酒店计划工作的管理效果

计划工作的管理主要从合理编制计划、编制方法的选定、计划的执行、计划的检查和控制四个方面进行。

（一）合理编制计划

要重视充分的市场调查研究工作，正确计划目标的确定，以及对酒店现有计划的分析等。

（二）编制方法的选定

酒店计划的内容和要求不同，编制方法也各不相同，因此选择合适的计划方法较为重要。

（三）计划的执行

计划管理的关键在于计划执行环节。要实现计划工作的顺利执行，就必须建立强有力的业务指挥系统，落实和健全责任制度，从酒店情况出发，充分调动员工的积极性。

（四）计划的检查和控制

计划检查中应发现计划时间执行结果和计划本身的差异，分析其原因，采取相应的措施，进行计划调整。

四、酒店经营决策

经营决策贯穿于酒店经营管理的全过程，是和计划密不可分的。酒店管理的好坏，在很大程度上取决于管理者的决策是否准确和及时。

（一）酒店计划管理中决策的分类

以决策重要性进行分类，可分为战略决策、管理决策和业务决策三类。

以决策条件进行分类，可分为确定型决策、风险型决策和不确定型决策。

以决策规律性进行分类，可分为常规决策和非常规决策两类。

（二）酒店计划管理中酒店经营决策的步骤

1. 发现问题，确定决策目标

这是决策的首要步骤，所有的决策都是从这一过程开始的。这一过程需要做好以下工作：发现问题，即找出需要决策的问题及其症结所在；确定决策目标，有了决策目标才能拟订各种不同的方案；找出已确定的决策目标有哪些限制条件（包括市场环境和酒店实际情况方面的限制条件）。

2. 分析经营环境，拟订预选方案

根据确定的决策目标，拟订两个或两个以上的可行方案以供选择。这一过程中需要做好两方面的工作：一是组织专家组对需要决策的问题进行专题研究；二是在充分掌握相关资料、认真分析酒店的经营环境的基础上，拟订多个决策方案，建立决策模型。

3. 评估方案效果，选择最优方案

对预选方案进行分析比较，评估预选方案建立的基础是否正确，是否是在客观环境、调查资料和预测数据的基础上建立起来的，可靠程度如何。根据各预选方案的决策方法，将有关数据代入相关公式进行检验计算，分析评估各方案的预期效果，对各预选方案的实施结果进行预测。在分析评估预选方案的过程中，酒店经理要尽可能将问题考虑得全面一些，将预选方案和政策法规及酒店的实际情况具体结合起来进行考虑。

（三）酒店计划管理中酒店经营决策的类型

1. 确定型决策

酒店的人事决策、采购决策、贷款决策等，一般属于确定性问题的决策。确定型决策的特点有以下四点：①决策有一个明确的目标取向，如利润较高或成本较低。②有两个以上可供选择的行动方案。③每一个行动方案都有一个可确定的结果。④每一个行动方案在可确定的结果状态下的损益值是可以计算出来的。

2. 风险型决策

酒店决策者在进行经营决策时，面临决策失误而造成亏损的可能性；即使不亏损，也存在着达不到预期决策目标的可能性。只要存在这些可能性，决策者就要承担一定风险，这种决策就叫作“风险型决策”。

风险型决策必须具备以下一些基本条件：①存在着决策者希望达到的目标。②存在着两个或两个以上可供选择的方案。③存在着两个或两个以上不以决策者的主观意志为转移的自然状态。④不同的行动方案在不同的自然状态下的收益或损失值是可以计算的。⑤在几种自然状态中，未来究竟会出现哪一种状态，决策者无法肯定，但是，每种状态出现的可能性是可以计算或估计的。

3. 不确定型决策

在有些决策中，自然状态的概率无法进行预测和估计，即风险型决策问题的五个条件中缺少第五个条件，这种决策称为“不确定型决策”。

对不确定型的决策，不同的决策者应运用不同的决策标准来进行判断。以下为几种主要的不确定型决策方法。

（1）悲观决策法

这是一个“小中取大”的决策方法。其思想方法是对客观情况总是持悲观态度，认为事情的结果总是向着不利的方向发展。为保险起见，决策时只求在最坏的情况下寻找一个结果较好的方案。

（2）乐观决策法

同悲观决策法恰好相反，是“大中取小”的决策。酒店管理者选择未来状态最好情况下收益最大的方案为最优方案，而不怕由此引起的在状态不好时可能产生的亏损或微利结果。

（3）最小的最大后悔值决策法

其思想基础是，当决策时所选择的方案未能符合实际情况时，决策者必定会产生后悔的感觉。我们把多种状态中的最大收益值与各方案在该状态下的收益值相减所得的差称为“后悔值”。决策者当然希望决策后的后悔值能够减至最小。

（4）乐观系数决策法

其思想方法是对客观条件既不乐观，也不太悲观，主张两者平衡一下。

（5）等可能性决策法

等可能性决策法的思想方法是对各自然状态出现的概率“一视同仁”，然后按照期望值进行决策。

第二节　酒店营销管理

一、酒店市场调研管理

酒店市场调研是开展营销管理工作的基础。酒店市场调研工作可以帮助酒店掌握市场需求和变化趋势、掌握酒店所处的竞争状况以及自身的优势和劣势。此外，酒店市场调研还可以为酒店的市场定位和促销工作提供参考信息。

市场调研对于营销管理来说其重要性犹如侦察之于军事指挥。不做系统客观的市场调研与预测，仅凭经验或不够完备的信息，就做出种种营销决策是非常危险的，也是十分落后的方式。

具体来看，市场调研对营销管理的重要性表现在以下五个方面：①提供作为决策基础的信息。②弥补信息不足的缺陷。③了解外部信息。④了解市场环境变化。⑤了解新的市场环境。

作为市场营销活动的重要环节，市场调研给消费者提供一个表达自己意见的机会，使他们能够把自己对产品或服务的意见和想法及时反馈给企业或供应商。通过市场调研，能够让该产品生产或提供服务的企业了解消费者对产品或服务质量的评价、期望和想法。

（一）确定酒店市场调研的内容

酒店市场调研是酒店经营决策的前提和基础。它涉及的范围自然就不能局限于酒店市场，而必须贯穿酒店经营管理的全过程。也就是说，从发现、判断市场机会，到计划、执行、控制以及信息反馈，就是酒店市场调研的范围。

1. 酒店市场需求和变化趋势

酒店应收集客源的信息资料，如国家经济政策、人口构成、收入水平等，测定市场的潜在需求和现实需求的总量，预测市场变化趋势。这类研究主要使用定量分析方法，力求准确地判明市场前景，为调整经营方向、经营策略、组织结构等指明方向。

2. 酒店竞争情况

竞争情况是直接影响酒店营销管理的不可控因素，需要认真研究。酒店应收集的信息包括以下内容。

（1）市场占有率

这方面信息可以是酒店经营管理人员了解本酒店在竞争中的进展情况，通过比较本酒店和所有竞争对手的营销管理情况，计算本酒店的市场占有率。

（2）了解竞争对手的营销方案

这有助于制定酒店的营销策略。连续数日从报纸杂志查看竞争对手的广告，是获得这方面信息最好、最简便的方法。此外，酒店还应设法了解竞争对手电台和电视台广告、户外和机场广告、直邮广告、旅行社以及公共关系、营业推广等方面的营销活动情况。

在收集这方面的信息时，市场营销人员应着重了解以下四个方面的情况：①本酒店的竞争对手吸引哪些细分市场。②竞争对手采用什么策略来树立市场声誉。③竞争对手使用哪些广告媒体和营销方法。④竞争对手的营销方案是否成功。

（3）分析竞争者酒店的特点

酒店的特点包括有形特点和无形特点，通过分析，营销管理人员应编制各竞争性酒店比较表，以便酒店找出自己的竞争优势和劣势，为酒店提供改进的方向。

(4) 客房出租率

很难获得各主要竞争对手酒店的客房出租率数据，但酒店的市场营销人员仍应做好已经收集到的资料汇编工作，以便将酒店与各竞争对手酒店的客房出租率以及发展形势进行比较。

3. 可控因素的影响

在酒店市场调研中，酒店应针对产品、价格、渠道、促销等可控因素对销售的影响，分别进行调查研究，并结合销售成本分析和利润分析，对酒店的战略、策略和未来的业务活动做出规划。

4. 其他不可控因素的影响

一般来说，酒店很少直接对政治、经济、文化、科技等不可控因素进行调查。在大多数情况下，主要是通过报刊等资料收集情报，也有专门的调研公司会提供有关这方面情况的资料。对于酒店不可控因素的调研就是对酒店市场营销环境的调研，包括宏观环境和微观环境的调研。

5. 动机调研

在酒店业，动机调研广泛应用于分析顾客为什么选择某一酒店，而不选择别的酒店的原因。换句话说，要研究顾客对各个酒店所提供的产品和服务的看法，分析顾客到某一酒店而不到其他酒店住宿的原因。这种分析是“质”的分析，有助于判断酒店的哪些特征对顾客选择酒店会产生决定性的影响，酒店选择的目标市场是否正确，是否提供了目标市场需要的产品和服务，是否满足了顾客的需求。

(二) 酒店市场调研策划流程

市场调研是一个系统工程，是一种管理工具。运用市场调研的目的在于解决市场营销的问题，其最终呈现形式为调查资料和调查结果。

进行酒店市场调研策划的流程有以下六点。

1. 明确市场调研的主题

酒店企业在营销过程中，可能会面临很多问题，如了解顾客对酒店的需求以进行市场细分，了解顾客的购买行为以推出适销对路的产品，了解酒店产品的销售情况以及调整营销策略，了解酒店企业内部的管理情况以促进企业更为有效地运转等，这些问题对酒店企业营销活动都非常重要。酒店市场调研的主题选择过程，应按照明确调研目的、查询有关资料、确定调研主题的过程进行。调研目的是整个调研过程的关键，它既是调研的出发点，也是调研的归宿。

2. 确定调研目标

市场调研目标是由界定的市场调研问题而决定的，是为了解决调研问题而明确的最终达到的目的。通常一个具体的市场调研就是根据调查目标而展开的，一个市场研究项目，目标可能是一个，也可能是多个。

3. 设计市场调研方案

市场调研方案的设计实际上是研究方法的选择。市场调研主题的差异化十分显著，不同酒店企业面临的市场问题是不同的，一般根据调研主题达到的目标，在探索性研究、描述性研究及因果关系研究三种研究方法中选择适合的研究方法。

4. 确定信息获得方法

如果市场研究所需的数据是二手数据，则只需要利用现有的数据资源；如果市场研究所需的数据是原始数据，则必须通过市场调查的现场实施，收集所需信息。一般而言，市场调研的方法有文案调研法、实地调研法和网络调研法三种。酒店企业可结合自身需求来选择。

5. 设计数据及信息获得工具（问卷、访问提纲等）

一般收集数据的工具有两种：一种为结构式问卷，即问卷的格式是确定的，所有问题都有具体的选项，回答者只需选出适合自己的选项即可；另一种为非结构式问卷，问题是开放式的，被访者可以根据自己的实际情况给出相应的回答。问卷或访问提纲是市场调查获得信息的重要工具。如果市场调研已明确研究目标及调查方法，但缺少一个好的问卷或访问提纲，仍会导致研究绩效的下降或失去调查意义。

6. 设计抽样方案及确定样本量

设计抽样方案及确定样本量一般是针对定量研究来说的。一项定量研究的抽样设计必须把握三个问题。首先，要根据研究的问题确定研究总体；其次，规划怎样在样本框中抽出需要的样本；最后，要明确研究需要的样本量，即这次调研中需要调查多少调查对象。

二、酒店市场定位管理

酒店市场定位是营销管理工作的前提。没有明确的市场定位，就不能够在激烈的市场竞争中获胜。因此，在开展酒店工程管理的营销工作之前，必须明确市场细分标准、进行市场细分、选择目标市场，并明确酒店的市场定位，才能够使酒店的营销工作有的放矢。

市场定位，也称作“营销定位”，是指根据竞争者现有产品在市场上所处的位置，针对消费者或用户对该种产品的某种特征、属性和核心利益的重视程度，强有力地塑造出此企业产品与众不同的、给人印象深刻、鲜明的个性或形象，并通过一套特定的市场营销组合把这种形象迅速、准确而又生动地传递给顾客，影响顾客对该产品的总体感觉。简言之，就是在目标客户心目中树立产品独特的形象。

市场定位并不是你对一件产品本身做些什么，而是你在潜在消费者的心目中做些什么。市场定位的实质是使此企业与其他企业严格区分开来，使顾客明显感觉和认识到这种差别，从而在顾客心目中占有特殊的位置。市场定位的目的是使企业的产品和形象在目标顾客的心理上占据一个独特、有价值的位置。

（一）确定市场细分的标准

市场细分不是根据产品品种、产品系列来进行的，而是从顾客的角度进行划分的，是根据顾客的需求、动机、购买行为的多元性和差异性来划分的。市场细分对酒店的经营、市场营销起着极其重要的作用。

酒店市场细分的标准，原则上与一般市场细分无大差异，都是以消费者需求的差异性为基础。需求的差异性是由消费者的生理特征、社会经济地位和心理等因素的不同所致。因此，酒店市场细分标准的确定需要考虑两种不同类型的因素，即基本要素和决定性要素。

基本要素是指与某个顾客群体相关的基本社会属性和生理特征，包括地理、人口和心理细分因素。决定性要素是指直接影响顾客对特定产品或品牌的购买行为的因素，包括顾客对产品的偏好、追求的利益，以及对企业营销活动的各种反应程度的细分因素，如购买时间、购买方式和购买原因等。

1. 地理因素

以地理因素为依据来划分市场是较为传统的、简单易行的市场细分方法。地理因素，如地理环境、气候条件、社会风俗和文化传统等方面的因素对市场需求的影响比较明显，来自不同地理环境的消费者需求和偏好差异很大。

例如，海外顾客和本土消费者在酒店产品的选择、消费特征等方面存在明显不同，前者注重人文历史价值以及接待设施的卫生条件和服务质量等，后者则更关心酒店等级、价格及其硬件条件等。

地理因素往往作为酒店市场进一步细分的基础，酒店企业在使用该因素时，必须结合其他细分变量予以综合考虑，才能有效地反映被细分市场的真实情况。

2. 人口因素

人口因素是以人口统计变量，如年龄、性别、收入、教育水平、家庭规模、宗教和种族等直接反映消费者自身特点的因素为基础细分市场。

该细分标准与消费者的需要、欲望和购买行为的变化规律直接相关，易与其他许多变量结合使用，且较易量化，所以在众多领域被广泛使用。同地理因素一样，人口因素的使用也应该注意与其他细分变量的综合使用，提高细分市场的有效性。

3. 心理因素

相对于地理因素和人口因素，心理因素是关于消费者自身较深层次的复杂因素，包括需要、个性、社会阶层以及生活方式等心理因素，决定着消费者的购买意愿和行为，具有主观性的特点。

随着消费者需求的多样化和个性化特点的显现，尽管心理因素较地理和人口因素来说难以选择和量化，但是酒店企业发现影响顾客需求的因素不再局限于价格和收入因素，而表现为替代品、心理预期及偏好的影响作用。因此，心理因素可以更加准确、清晰地对市场进行细分，成为现代酒店企业关注的重要细分变量。酒店企业必须具备相应心理研究条件，通过科学的心理调查过程，才能获得相关的细分变量。

4. 行为因素

行为因素是与消费者购买行为相关的一些变量，包括购买时机及频率、追求的利益、使用者身份、使用频率以及顾客忠诚度情况等，根据这些因素将市场细分为若干个群体。

①按购买时机细分市场，即按消费者购买和使用产品的特定时机细分市场，如某些特定时间，如五一、国庆、春节、寒暑假等。

②按顾客需求的利益细分市场。例如，基于利益的商务市场细分，包括关注接待设施和服务的舒适及完美的豪华品质型；重视快捷、高效服务的商务事业型等。

③按顾客使用情况可以细分为潜在使用者、初次使用者、经常使用者和非购买者市场等。

④按购买过程及方式可以细分为团队和散客市场、客源地购买（在线预订）和目的地现场购买方式的细分市场等。

⑤按顾客忠诚度细分市场，如会员制、俱乐部等客户管理系统，提供个性化和超值的服务，以增强客源的稳定性。

（二）酒店市场细分的程序

酒店市场细分是一个对细分变量加以选择、组合运用和具体方法实施的过程，从而帮助酒店企业有效识别并获得市场机会。一般来说，市场细分的程序包括调查阶段、分析阶段和评估阶段。

1. 调查阶段——确定市场细分目标

酒店企业结合总体经营目标，深入调查研究市场的需求状况，明确其经营的市场范围，在此基础上进行细分市场。

细分市场的目标包括目前市场现状及潜力的评估及挖掘，也包括对未来市场空间的预测和开发等，这些目标都将成为企业选择细分标准的依据。

2. 分析阶段——选择市场细分的变量

在已确定的营销目标和市场范围内，分析潜在顾客的全部需求及其影响因素，选择与细分目标直接相关的因素变量作为细分标准，删除那些具有共性和普遍性的因素，形成有针对性的细分因素组合。

酒店企业市场细分变量选择有三种方式，即单一变量细分法、综合变量细分法和完全细分法。

（1）单一变量细分法

单一变量细分法就是根据与顾客需求密切相关的某一最重要变量因素细分市场。这种方法较为简单易行，但是这种粗略划分的方式只能作为市场细分的起点，可能出现细分市场差异模糊的情况。

（2）综合变量细分法

综合变量细分法就是选择并综合运用与顾客需求差异紧密相关的两种及两种以上变量因素，对特定的市场进行细分的方法。

这种方法比单一变量细分法更能准确、深入地划分市场中每一个不同的消费群体，有助于酒店企业做出准确、合理的市场营销策略。但是，过多细分变量会产生数量很多的细分市场，也会导致企业营销成本增加，难于选择和满足特定市场需求。

（3）完全细分法

完全细分法根据不同顾客消费需求的差异，最终将每位顾客分成一个特定的细分市场。这种方法的最终目的就是要针对每位顾客的不同需求而定制满足其特殊需求的产品和服务。

这种方法的使用对酒店企业的营销能力和生产能力要求较高，既要充分掌握特定市场的需求，又要具有差异和设计特色产品组合的能力。

3. 评估阶段——有效吸附市场的描述

根据影响消费者需求及购买行为的相关因素，客观描述被细分市场的状况和轮廓，采用有效细分原则进行评估，并对不同细分市场进行差异化的命名。因为细分市场在不断变化，所以市场划分的程序必须定期反复进行。

（三）选择目标市场

如果说市场细分帮助酒店企业发现市场机会，那么目标市场选择就是酒店企业明确服务对象、选择市场机会的过程，这也是目标营销战略的重要环节。

所谓目标市场是指在市场细分的基础上，企业从中选择的一个或几个子市场作为经营对象的细分市场。酒店企业必须结合自身条件和细分市场状况做综合全面的考虑，正确选择目标市场，采取相应的目标市场选择策略，才能实现预期的营销目标。

1. 目标市场的评估

并不是每个市场细分后的子市场都是值得进入的，酒店企业要对其进行分析和评估，以决定是否进入该市场。酒店企业可以从以下三个方面对细分的子市场进行评估。

（1）细分市场的规模和发展前景

细分市场要有足够的购买力，能够实现酒店企业预期的销售目标。理想的目标市场，应该与酒店企业的资源状况相匹配。目标市场容量太小，不利于大型酒店企业发挥专长和潜力；目标市场容量太大，则不利于小型酒店企业有效控制和占领市场。细分市场还要有尚未满足的、对酒店企业有足够吸引力的需求，有充分发展的潜力。

（2）细分市场的竞争状况

有一定规模和发展潜力并不一定就是理想的目标市场。酒店企业要进入某个细分市场，必须考虑竞争对手的数量、实力和市场竞争的激烈程度，从而确定自己的市场营销组合策略，以便在市场上站稳脚跟，处于优势地位。因此，酒店企业在选择目标市场时，必须扬长避短，发挥优势，选择那些能够占领的市场，以便在激烈的市场竞争中以较大的差别优势取胜。

（3）细分市场的特征是否与酒店企业优势相符

酒店企业对各细分市场要使用易于识别和划分的细分标准来描述，使各细分市场的特征明确具体，并借以分析出各细分市场上的消费者对产品、价格、渠道和促销方面的要求，从而选择那些在资金、技术等方面都能充分发挥自身优势的目标市场。

2. 目标市场的选择

经过市场细分后，酒店企业应根据自己的任务、目标、资源和特长，权衡利弊，决定进入哪个或哪些细分市场。酒店企业决定进入的细分市场，就是该酒店企业的目标市场。

酒店企业选择目标市场时有五种可供考虑的市场覆盖模式。

（1）密集单一市场

最简单的方式是酒店企业选择一个细分市场集中营销。酒店企业通过密集营销，更加了解本细分市场的需要，并在此市场树立良好的形象，因此便可在该细分市场建立巩固的市场地位。另外，酒店企业通过产品、销售和促销的专业化分工，也可获得较好的经济效益。如果细分市场补缺得当，酒店企业的投资便可获得较高报酬。但是，密集市场营销比其他方式风险更大。

（2）有选择的专门化

有选择的专门化是指酒店企业选择若干个细分市场，其中每个细分市场在客观上都有吸引力，并且符合酒店企业的目标和资源。但在各细分市场之间很少有或者根本没有任何联系，然而每个细分市场都有可能盈利。这种多细分市场目标优于单一市场目标，因为这样可以分散酒店企业的经营风险，即使某个细分市场失去吸引力，酒店企业仍可继续在其他细分市场获取利润。

（3）产品专门化

酒店企业可集中提供一种产品，向各类顾客销售这种产品。酒店通过这种战略，在某种产品方面树立很高的声誉。但如果该种产品被一种全新的产品代替，就会发生危机。

（4）市场专门化

市场专门化是指酒店企业专门为了满足某个顾客群体的各种需要而服务。

（5）完全市场覆盖

完全市场覆盖是指酒店企业用各种产品和服务满足各种顾客群体的需求。只有大酒店集团才能采用完全市场覆盖战略。

（四）明确酒店市场定位

当酒店企业确定目标市场后，必须制订科学的市场进入计划，即明确的市场定位，提供特色和差异的产品和服务，区别于竞争者的同类产品，树立市场形象，才能有效地抓住市场机会，实施目标营销战略。

1. 市场定位流程

（1）明确潜在竞争优势

①竞争者的定位状况。顾客最关心的是产品或服务的属性和价格。因此，酒店企业首先应该明确竞争者在目标市场上的定位；其次，要正确衡量竞争者的潜力，判断其有无潜在竞争优势，据此进行本酒店的市场定位。

②目标顾客对产品或服务的评价标准。即要了解顾客对其购买的产品或服务的最大偏好和愿望，以及他们对产品或服务优劣的评价标准，作为市场定位的依据。

③明确竞争的优势。竞争优势产生于企业为顾客创造的价值，顾客愿意购买的就是价值。竞争优势有两种基本类型：一是成本优势；二是产品差异化，能提供更多特色以满足顾客的特定需要。

(2) 选择相对竞争优势

经过分析，酒店企业会发现许多潜在竞争优势，然而并不是每一种优势都是酒店企业能够利用的，酒店企业要善于发现并利用自身存在或创造出来的相对竞争优势。相对竞争优势是酒店企业能够比竞争对手做得更好的工作或某方面胜过竞争者的能力，它可以是现有的也可以是潜在的。

(3) 显示独特的竞争优势

选定的竞争优势不会自动地在市场上显示出来，酒店企业要进行一系列活动，使其独特的竞争优势进入目标顾客的眼球。酒店企业应通过自己的理念识别系统、行为识别系统和视觉识别系统，向顾客表明自己的市场定位。

2. 酒店市场定位策略

酒店企业的市场定位目标就是要提供比竞争者同类产品具有更大价值和利益的产品，从而形成持久的竞争优势。市场定位本身就是竞争的一种手段，酒店市场定位策略主要包括以下四种类型。

(1) 特色定位策略

特色定位策略是指通过突出酒店企业、产品和品牌的特色。强调其独特之处，力图对消费者造成强烈的感知冲击，从而达到吸引顾客的目的。

旅游目的地形象定位对于酒店企业进行特色定位有一定的借鉴作用，每一个目的地都应该有属于它自己的特色。这种特色可以来自任何领域，只要具有独一无二的属性和足够的影响力。

(2) 避强定位策略

避强定位策略就是避开直接的、强劲的竞争对手已确立的优势定位，寻找市场中未被满足的需求，结合酒店自身的优势进行定位的策略。这种定位策略较适合于中小型酒店，发挥有限资源优势，进入特殊细分市场，争取小市场大份额，以此寻找发展机会。

(3) 对抗定位策略

对抗定位策略也被称为“迎头策略”，是指酒店针对市场中处于领导地位的竞争对手，采取直接挑战，以吸引市场的关注，在市场上取得有利地位的定位策略。

对抗性定位策略的目的不仅在于战胜和取代竞争对手，而且在于借助强者的声誉和影响力快速提升本企业的市场知名度，变压力为动力，促进竞争双方共同发展。采用对抗性定位策略的酒店必须有充足的资金支持、具有较强实力的市场挑战者，同时风险也很大，因此，酒店应慎重选择。

（4）重新定位策略

重新定位策略是在环境变化时，原有市场定位已经失去竞争优势，企业试图扭转经营逆势，调整和重新确定新的定位目标的定位策略。酒店的重新定位既是指通过为竞争者贴上“负面标签”而突出本酒店的特色和差异，又是寻找自我差异化途径的策略。

三、酒店产品促销管理

酒店所提供的产品或服务都存在诸多的生产者，在产品供给的现实和潜在生产能力大于市场需求的条件下，酒店将面临由于消费者可能购买竞争对手的同类产品而使自己的产品无法卖出的威胁，并且这种威胁日益尖锐。这就要求酒店必须做好产品的促销管理工作。

酒店不仅要开发满足市场需求的优质产品，制定具有竞争力的产品价格，更重要的是能够与目标顾客保持良好的沟通和交流，使其产品易于被顾客认知和接受，最终产生购买行为。随着市场环境的变化，酒店的产品促销也将对酒店参与市场竞争起到积极的作用。

传统营销渠道按照有无中间环节可以分为直接分销渠道和间接分销渠道两种。由生产者直接把产品销售给最终用户的营销渠道称为“直接分销渠道”，即直销；至少包括一个中间商的营销渠道则称“间接分销渠道”，即分销。还可以根据中间商的数量对传统营销渠道分类，直接分销渠道两端为生产者和消费者，没有中间商，称为“零级渠道”；间接分销渠道则根据中间环节的数量分为一级、二级、三级甚至多级的渠道。

（一）建立酒店销售渠道

建立起科学的销售渠道是酒店有效传递产品价值、实现预期营销目标的重要保证。酒店应针对自身特点，分析销售渠道建立的影响因素，合理构建渠道结构和选择渠道成员，以提高渠道的增值效应，保证酒店营销目标的实现。

1. 销售渠道的基本模式

按照渠道中是否涉及中间商及其层次分类，酒店销售渠道类型包括直接销售渠道和间接销售渠道。

（1）直接销售渠道

直接销售渠道是指不经过任何中间环节，将产品与服务直接销售给最终顾客的方式。酒店企业直销的主要方式包括顾客上门购买、邮购、互联网直销以及酒店自设机构销售等。

（2）间接销售渠道

间接销售渠道是指酒店企业借助中间商将其产品最终转移到消费者手中的流通途径，也被称为“分销渠道”。所谓中间商是从事转售酒店企业产品或服务，具有法人资格的经济组织或个人，是连接生产者和消费者的重要桥梁。例如，各类旅行社、旅游代理商、会议组织者、在线旅游中间组织等。

2. 酒店销售渠道结构的设计

酒店销售渠道结构设计主要包括渠道长度策略、渠道宽度策略和渠道关联策略。渠道的长度和宽度是衡量酒店销售渠道的市场覆盖程度，而销售渠道的关联度则反映渠道成员及其结构的高效性。

渠道长度通常是指产品从生产者向最终消费者转移过程中所经历的中间环节的多少。所经层次越多，则渠道就越长；相反，则越短。最短的销售渠道是不经过任何中间环节直接向消费者出售其产品的直销渠道。而渠道宽度通常是指销售渠道中某一层次中间商的个数及销售网点的数目和分布格局。如果一个酒店企业在各目标市场区域以方便顾客的原则设置了足够数量的销售网点，则该渠道类型属于宽渠道；反之，则是窄渠道。产品销售渠道的长短、宽窄的适宜程度不能一概而论，需要视具体企业、产品以及目标市场的情况而定。

（1）渠道长度策略

一般情况下，酒店营销中，两种渠道类型兼而有之，这是由酒店自身特性所决定的。酒店选择直接或间接渠道应考虑销售业绩和经济效益两个方面，涉及销售量和利润情况。因此，酒店应该将最大市场覆盖面和低销售成本作为选择渠道类型的重要因素。

（2）渠道宽度策略

通过选择销售渠道类型确定了向消费者提供产品和服务的具体线路，这是纵向渠道策略的基本方法。而销售渠道的构成还包括不同类型中间商在渠道中的数量以及构成，它能够影响销售渠道的市场覆盖面，即产品销售能够达到的最大市场空间，也能影响销售渠道的网点密度，也被称为“渠道宽度”。这种市场覆盖策略主要表现在产品产地渠道中同一层级中间商设置情况，以满足目标顾客便利购买为前提。

（3）渠道联合策略

①渠道的纵向联合。纵向联合是指用一定的方式将营销渠道中各成员，包括生产企业、中间商联合在一起，采取共同目标下的协调行动，以促使旅游产品或服务市场营销整体经济效益的提高。渠道纵向联合分为三种形式：公司式、合同式和管理式渠道系统。

公司式渠道系统是指酒店以延伸或兼并的方式，建立起隶属同一所有权的相关生产部门和分销部门组合而成的系统。

合同式渠道系统是指酒店同其所选定的各个环节的中间商，以合同的形式来确定各自在实现同一营销目标基础上的权、责、利管理和相互协调行动。合同式渠道系统一种重要的形式就是特许经营。

管理式渠道系统是指通过渠道中某个有实力的成员来协调整个渠道系统，减少渠道冲突，提升渠道整体价值。

②渠道的横向联合。横向联合是指两个以上的企业联合开发同一市场的营销渠道。酒店采取该渠道策略，可以把资金、生产能力或营销资源结合在一起，完成单靠一个企业难以达到的目标。

（二）选择合适的促销组合

酒店促销是指酒店通过人员推销或非人员推销的方式，向目标顾客传递产品或服务的存在及其性能、特征等信息，帮助顾客认识酒店产品或服务所带给其的利益，从而引起顾客的兴趣，激发顾客的购买欲望及购买行为的活动。

酒店促销组合是指履行营销沟通过程的各个要素的选择、搭配及其运用。促销组合的主要要素包括广告促销、人员促销、销售促进和公共关系。酒店进行促销组合选择时，需要考虑以下四个方面的内容。

1. 酒店促销预算

在酒店营销人员采用的各种促销工具中，大多数促销工具的使用要花费酒店较大的一笔费用，如广告、公共关系、人员推销等，都要求酒店耗费一定的资金才能进行。因此，在选择促销组合前必须确定酒店促销预算。

2. 确定促销组合

在确定酒店总的促销预算以后，必须把促销预算分配给主要的促销方式，即广告、人员推销、销售促进和公共关系，必须把各种促销工具协调组合起来以达到宣传和营销的目的。

每一种促销方式都有其自身的特点和成本，酒店营销人员应该明确这些特点以正确地选择促销方式。

（1）广告

由于广告的多种形式和用途，作为促销组合的一部分，要对它所具有的独特性进行全面的概括是比较难的。然而广告的以下四点特性是酒店营销人员应该注意的。

①公开性。广告是一种高度公开的信息传播方式。它的公开性赋予产品一种合法性，同时也使人想到一种标准化的提供。

②普及性。广告是一种普及性的媒体。它允许顾客接受和比较各种竞争者的信息。

③丰富的表现力。广告可通过巧妙地应用印刷艺术、声音和色彩，提供将一个产品戏剧化展现的机会。有时，广告在表现上是很成功的，但是，也可能冲淡和转移对信息的注意。

④非人格化。广告不会像人员推销那样有强制性，观众不会感到有义务去注意或做出反应，广告对观众只进行独白而不是对话。

（2）销售促进

销售促进有很多方式，如赠券、竞赛、赠奖等。它具有以下三个特点。

①传播信息。它能引起注意并经常提供信息，把顾客引向产品。

②刺激。采取某些让步、诱导或赠送的办法给顾客以某些好处。

③邀请。明显地邀请顾客进行目前的交易。

酒店使用销售促进方式来产生更强烈、更快速的反应，销售促进更能引起对产品的注意，扭转销售下降的局面。但是它的影响常常是短期的，对建立长期的品牌偏好不是非常有效。

（3）公共关系

①高度可信性。新闻报道或特写对读者来说要比广告更可靠、更可信。

②消除防卫。很多潜在顾客能接受宣传，但回避推销人员广告。作为新闻的方式将信息传递给购买者要比销售导向的信息传播效果更好。

③戏剧化。公共关系像广告那样，有一种能使酒店或其产品和服务成为被关注焦点的潜能。

（4）人员推销

在顾客购买过程的某个阶段，特别是在建立购买偏好、信任和行动时，人员推销是最有效的工具。人员推销具有下列三点特征。

①面对面接触。人员推销在一种生动的、直接的和相互影响的关系中进行。每一方都

能在咫尺之间观察到对方的反应，迅速做出调整。

②人际关系培养。人员推销允许建立各种关系，从注重销售的关系直至深厚的个人友谊。

③反应。人员推销会使购买者面对销售人员时感到某种义务继续听取和做出反应。

3. 影响促销组合选择的因素

（1）产品类型分消费品和投资品

消费品的促销组合次序：广告、销售促进、人员推销、公共关系。

投资品的促销组合次序：人员推销、销售促进、广告、公共关系。

（2）购买阶段与促销组合的选择

顾客购买阶段一般包括四个阶段。这四个阶段的促销组合选择如下。

①知晓阶段。知晓阶段促销组合的次序是：广告、销售促进、人员推销。

②了解阶段。了解阶段促销组合的次序是：广告、人员推销。

③信任阶段。信任阶段促销组合的次序是：人员推销、广告。

④购买阶段。购买阶段促销组合的次序是：人员推销为主，销售促进为辅，广告可有可无。

（3）产品生命周期与促销组合的选择

促销工具的作用也会因产品生命周期的不同阶段而有所变化。在介绍期，广告和公共关系能够建立顾客良好的认知，销售促进对促进顾客尝试该产品非常有效；在成长期，人员推销应该发挥重要作用，广告和公共关系还会发挥效力；在成熟期，销售促进则是此阶段的重要工具，广告只是起提醒的作用；在衰退期，广告可以维持在唤醒顾客记忆的水平，公共关系的作用减低，人员推销的力度有所下降，销售促进仍然可发挥重要作用。

4. 促销策略的选择

不同的促销组合形成不同的促销策略，诸如以人员推销为主的促销策略，以广告为主的促销策略。从促销活动运作的方向来分，有推式策略和拉式策略两种。

（1）推式策略

推式策略是以人员推销为主，辅之以中间商销售促进，兼顾顾客的销售促进，把酒店推向市场的促销策略。其目的是说服中间商与顾客购买酒店产品，并层层渗透，最后到达顾客手中。

（2）拉式策略

拉式策略以广告促销为主通过创意新、高投入、大规模的广告轰炸，直接诱发顾客的购买欲望。

（三）确立酒店的促销过程

酒店企业开展促销活动对扩大市场份额、提升经营业绩和增加收益等方面具有非常重要的意义。在 4Ps 营销理论中，促销是企业营销过程中非常重要的一环。一般来说，成功的促销过程包括以下八个方面。

1. 确定促销活动的目的和目标

确定促销活动的目的和目标是为整个促销活动确定一个总体构想，为以后的工作计划、方案创意、实施和控制、评估促销效果提供一套标准和依据。没有目的和目标，促销活动就不能做到“有的放矢”，以后的所有促销活动将会失去方向。

2. 进行资料收集和市场研究

调研工作的重要性不言而喻。促销活动的市场研究应该着重在市场促销环境、竞争对手的促销策略及促销方案、顾客的消费心理和消费行为三个方面。

促销调研方法一般有直接调研和间接调研两种。直接调研就是通过实施观察统计、调查问卷、直接访问等方法收集第一手资料。间接调研一般通过查阅文献、调查报告等方法收集第二手资料。

促销调研最终要形成书面的调查报告，为以后促销创意、方案设计等提供依据。

3. 进行促销创意

创意对促销的成功率有着非常重要的影响，好的促销创意是促销成功的一半。在市场促销环境、竞争对手的促销策略及促销方案、顾客的消费心理和消费行为的基础上，创意要具有针对性，能够吸引消费者兴趣，激发消费者购买冲动，且便于操作。

4. 编写促销方案

促销方案又称“促销策划书”，是实施促销活动的指导性文件，促销活动必须严格按照促销方案执行。促销方案一般包括：促销活动的目的，促销活动主题，促销活动宣传口号或广告词，促销活动的时间、地点，促销活动的内容，执行促销活动人员，促销活动准备物资清单，促销经费预算，促销活动注意事项等内容。促销方案编写要尽可能周全、详细、具体，越详细具体越便于操作实施。

5. 试验促销方案

促销创意、方案一旦制订，直接拿去市场上操作，一旦失败，损失很难弥补。所以，为了降低促销活动失败所带来的损失，这一程序必不可少。促销方案的试验通常在一个比较小的市场上进行短期操作试验一次，或者是由公司内部一些专家（营销经理、一线市场人员等）对这次促销活动各个方面的问题进行质疑答辩。

6. 改进完善促销方案

对促销活动试验进行总结，对促销方案不妥或不完善的地方进行修改，或者是完全放弃促销方案另做新的促销方案。

7. 推广实施促销方案

促销活动方案在通过试验改进完善之后，进入正式推广实施阶段。在这个阶段，要注意严格按照促销方案和预算执行。促销活动负责人的主要职责是监督、指挥、协调和沟通。

8. 总结评估促销方案

在活动过程中或完成后，参与促销活动人员要对该次促销活动进行总结、评估。总结评估的主要内容是：活动的目的、目标有没有达到？经费预算执行得如何？促销活动组织突发什么事件，是如何处理的？是什么原因？如何才能避免问题的出现？促销活动评估总结同样要形成完整的书面报告，为下次进行促销活动做准备。

第三章　酒店前厅、客房与餐饮管理

第一节　酒店前厅管理

酒店的一线服务部门主要包括前厅部、客房部、餐饮部等直接给客人提供服务的部门。酒店前厅部是酒店经营管理工作中的中枢机构，保证酒店客房产品的最终销售工作得以顺利完成。酒店客房部主要负责给客人提供清洁、干净的客房，并负责整个酒店的清洁、保洁工作。这些工作部门的工作好坏将会直接影响到整个酒店对客人服务的质量，最终也会影响到酒店的经营业绩。

一、酒店前厅

酒店前厅设于酒店内宾客过往频繁的大厅，是代表整个酒店向客人提供客房销售、入住登记及账务处理等各项服务的部门。总服务台（也称“前台”）是前厅最显眼的部分，它执行着前厅的大多数功能，是客人最初接触和最后接触的地方。总服务台与客人之间密切联系，既是客人投诉处，也是咨询查询处，又是一切服务的协调中心，是客人和酒店联系的纽带。

前厅部基本工作职能如下所述。

（一）销售客房

包括接受预订、接待临时散客、办理入住登记手续、分配客房。

（二）提供酒店服务信息

包括酒店内部设备设施情况、酒店外部活动及地点时间。

（三）提供礼宾服务

包括迎送、行李服务、邮件服务、问讯服务、商务服务等。

(四) 协调客人服务工作

包括联络前台及后台、处理客人问题及投诉。

(五) 控制房间状态(协调客房销售和房务状况)

包括已出租客房状况、清扫中的客房问题及状况、待修房状况。

(六) 处理客人账务

包括建立客人账务、及时登记账目、监督客人信用状况、记录客人消费情况。

(七) 结账

包括准备账单、核对账单、办理结账手续。

二、酒店前厅管理及创新

酒店的前厅部是酒店接待客人的重要部门,是酒店直接对客服务的起点,是客人在酒店消费的联络中心和客人离店的终点。它的主要任务是负责销售酒店的主要产品——客房,联络和协调酒店各部门的对客服务,为客人提供前厅部的综合性服务。前厅部工作质量的高低,不仅直接影响到客房的出租率和酒店的经济效益,而且能反映出酒店的工作效率、服务质量和管理水平的高低。

(一) 酒店前厅部的组织结构

前厅部的组织结构,需要根据酒店等级的不同、规模的大小、业务量的多少、客源的特色而设置。一般酒店前厅部的组织结构应具备预订、接待、问讯、收银、行李、商务等服务功能。

(二) 酒店前厅部主要机构及岗位职责

1. 预订处

预订处是酒店订房业务的部门,可以说是前厅部的“心脏”,其人员由预订主管、领班与订房员组成。

2. 接待处

接待处亦称“开房处”。它通常配备有主管、领班和接待员。其主要职能是:介绍、销售客房；接待入住客人，为客人办理入住手续，分配房间；掌握住客动态及信息资料，控制房间状态；制定客房营业日报表格等；与预订处、客房部等保持密切联系，及时掌握客房出租情况；协调对客系列服务工作。

3. 问讯处

问讯处通常配有主管、领班和问讯员。

4. 总机处

总机处通常由总机主管、领班与话务员组成。其主要职能是：转接电话；提供叫醒服务和“请勿打扰”（DND）电话服务；回答客人电话问询；提供电话找人服务；接受电话预订及接待电话访客；接受电话投诉；播放背景音乐；在紧急情况下充当指挥中心。

5. 商务处

商务处亦称“商务中心”。通常由商务主管、领班与秘书组成。其主要职能是：为客人提供打字、传真、复印、翻译、长途电话及互联网等商务服务；可充当秘书、管家及翻译；提供代办邮件和特快专递服务；为客人提供特殊服务。

6. 礼宾处

礼宾处也有人称作“金钥匙”，它通常由大厅服务主管、领班、迎宾员、行李员、委托代办员等组成。其主要职能是：在门厅或机场、车站迎送宾客；雨伞的寄存和出租；引领客人进客房，并向客人介绍服务项目、服务特色等；分送客用报纸、信件和留言；提供行李、出租和泊车服务；负责酒店大门内外的安全和秩序；负责客人其他委托代办事项。

7. 收银处

收银处亦称“结账处”，通常由领班、收银员及外币兑换员组成。因其业务性质，收银处一般隶属于酒店的财务部，由财务部直接管辖。但由于收银处位于前台，与接待处、问讯处共同构成总服务台，直接为客人提供服务，因此前厅部也对其实施管理和考核。收银处的主要职能是：受理入住酒店客人住房预付金；提供外币兑换服务及零钱兑换服务；同酒店各营业部门的收款员联系，催收、审核账单；建立客人账卡，管理住店客人的账目；夜间审核酒店营业收入及各种账目；制作营业和销售报表；负责应收账款的转账；办理离店客人结账手续等事宜。

（三）酒店前厅部的主要运营管理业务

1. 酒店前厅部的主要职能

酒店前厅部的工作职能具体表现在以下几个方面：立足客房销售；掌握正确房态；协

调对客服务；提供各类对客服务；提供客账管理。

2. 前厅客房预订业务

客房预订是推销客房产品的重要手段之一。目前，随着旅游业的发展和酒店业的激烈竞争，订房已不仅是客人为了使住宿有保证而进行的单方面联系客房的活动，还包括酒店为了争取客源、保证经济效益的实现而进行的主动式推销，是双向的行为。随着客源市场竞争的加剧，主动式推销客房越来越引起酒店管理人员的重视，订房已成为酒店重要的推销工作。

（1）客房预订的种类

①保证类预订。保证类预订使酒店与未来的住客之间有了更为牢靠的关系。通过信用卡、预付订金、订立合同三种方法来保证酒店和客人双方的利益，但使用时要注意其效果。一是信用卡，客人使用信用卡，收银人员要注意信用查询，防止出现恶意透支的现象。二是预付订金，这是酒店最欢迎的，特别是在旺季，一般由酒店和客人双方商定，订金可以是一天的，也可以是整个住宿期间的。三是订立合同，指酒店与有关单位签订的供房合同，但应注意合同履行的方法、主要签单人及对方的信用，注意防止呆账的发生，明确规定最高挂账限额和双方的违约责任。

②确认类预订。客人向酒店提出订房要求时，酒店根据具体情况，以口头或书面的形式表示接受客人的预订要求。一般不要求客人预付订金，但客人必须在规定的时间内到达酒店。否则，在用房紧张的情况下，酒店可将客房出租给未经预订而直接抵店的客人，酒店可不保证提供房间。

③等待类订房。酒店在订房已满的情况下，为了防止由于客人未到或提前离店而给酒店带来的经济损失，仍然接受一定数量的客人订房。但对这类订房客人，酒店不确认订房，只是通知客人，在其他订房客人取消预订或有客人提前离店的情况下可优先予以安排。

④超额预订。在用房旺季时，酒店为防止因订房客人未到或住店客人提前离店而造成客房闲置现象的发生，适当增加订房数量，以弥补酒店经济损失。但超额预订会因为客人的全部到达而出现无法供房的现象，并可能造成酒店的经济损失和损坏酒店的形象。

（2）客房预订业务的程序

①受理预订。接到客人的订房要求时，预订人员将客人的订房要求填写在统一规格的订房单内，以明确酒店接受预订的各种信息，如客人姓名、联系方式、抵店时间、需要房间的类别与数量等。

②接受或婉拒预订。酒店根据客人的需求与本酒店的具体情况，确定能否满足客人的预订需求。能满足客人的预订需求时，则接受预订；否则，可婉言拒绝。

③确认预订。酒店接受了客人的预订后应及时给客人发出预订确认书。确认书中应复述客人的订房要求，申明酒店对客人订房变更及取消预订的有关规定，向确认预订的客人申明抵店的时间；对保证类客人申明收取订金及取消预订的有关规定。

④记录、储存订房资料。预订人员将客人的订房资料分类整理，按客人的抵店时间顺序排列存放。

⑤预订的变更、取消及客人抵店前的准备。如果已确认的预订客人要求变更或取消预订，预订人员应及时办理手续，填写订房变更与预订取消单，以防出现差错影响客房出租。客人抵店前，预订人员应及时将有关资料转交总台接待人员。

3. 前厅入住接待业务管理

客房预订并没有完成客房产品的最终销售，它只是增加了提高客房出租率的可能性，接待服务和分房管理才是最终完成客房产品销售的程序。分房管理是直接出售客房产品，是一种艺术，分房工作管理得好，就能将高价客房或闲置客房售出，从而减少闲置，增加销售量。

前厅主要的接待业务工作如下。

（1）按有关规定做好入住登记工作

入住登记的过程是客人与酒店第一次面对面接触的过程。对于酒店总台来说，入住登记手续是对客服务的第一个关键阶段，这一阶段的工作效果将直接影响到前厅部客房产品的销售。提供信息、协调对客服务、与客人建立正式合法的租住关系，是办理入住登记手续的目的。

（2）客房状况的实时控制

在前厅部的业务运转中，客房状况的实时控制是一项重要内容。客房状况的实时控制是确保客房状况准确的有效手段，它往往是前厅部业务运转的一个核心。酒店的客房状况及其变化应当引起管理者的高度重视。在客房状况的实时控制过程中，客房状况信息的及时传递、有效信息的及时沟通是十分重要的。客房状况的变化取决于客人的住宿活动。客人住宿登记后，其对应的客房状况就由原来的空房或待租状况变为住客房；客人结账后客房状况变为走客房，然后变为空房，客房状况就是这样不停地随着客人住宿活动的变化而变化。

4. 前厅日常服务管理

（1）迎送服务管理

迎送工作是酒店显示档次与服务质量的关键。客人抵达或离店时，迎宾员应主动相迎，热情服务，将车辆引领到合适的地方，并主动帮助行李员清点客人的行李，以免出现差错。迎宾员还负责维持大厅门前的秩序，指挥、引导、疏散车辆，保证酒店门前的交通畅通无阻。

（2）问讯、邮件服务管理

客人有了疑难问题，会向酒店有关人员询问，酒店有责任与义务帮助客人排忧解难。酒店应对问讯处的工作人员进行相关知识的培训，而问讯员除必须有较广的知识面外，还需要掌握大量最新的信息和书面材料，以保证在工作中能给客人以准确而满意的答复。

（3）行李服务管理

行李服务是由行李员负责提供的。行李服务中需要注意的问题是：运送的行李需要得到客人的确认，以防止行李出现差错而给客人的行程带来不必要的麻烦；在团队行李的交接过程中，应注意行李的检查验收，并办理必要的手续，防止行李的损坏和财物的丢失；多个团队的行李应采取必要的方法加以区分，防止出现混乱错失现象。

（4）电话总机服务管理

电话总机是酒店内外信息沟通、联络的通信枢纽，绝大多数客人对酒店的第一印象是在与话务员的第一次声音接触中产生的。话务员热情、礼貌、耐心、快捷和高效的对客服务，在客人与酒店之间起到了桥梁作用。电话总机服务包括接转电话、问询服务、叫醒服务和联络服务四个方面的内容。

（5）客人投诉管理

投诉是客人对酒店服务工作不满而提出的意见。一般酒店前厅部设有大堂副经理来接受和处理客人的投诉。通过客人的投诉，酒店可以及时了解工作中存在的问题，有利于酒店不断改进和提高服务质量和管理水平。正确处理客人投诉，可以加深酒店与客人之间的相互了解，处理好酒店与客人之间的关系，改变客人对酒店工作的不良印象。圆满处理客人投诉，可以树立酒店良好的声誉，让客人对酒店的不满降到最低限度。酒店大堂副经理应掌握接待处理客人投诉的方法、原则和技巧。

（6）商务中心服务管理

为满足客人日益增长的商务需要，酒店通过商务中心向客人提供打字、复印、传真、秘书、翻译、代办邮件、会议室出租、文件整理和装订服务。酒店商务中心除应拥有计算机、复印机、传真机、装订机、有关商务刊物和报纸、办公用品和其他必要的设备外，还要配备有一定专业知识和经验的工作人员，以提供高水平、高效率的对客服务。

（7）其他服务管理

为方便客人，满足客人多方面的需要，酒店前厅还向客人提供旅游代办、机（车、船）票预订、出租汽车预约、收发邮件等服务。这些服务可以由旅行社、出租汽车公司、邮电局等专业部门在酒店设置专业机构办理，也可以由酒店代理进行。

5. 前厅客账业务管理

（1）客账记录

客账记录是前厅收银处的一项日常业务工作。为了避免工作中的差错和发生逃账漏账的情况，前厅收银处的客账记录必须有一套完备的制度来保证，并依靠各业务部门的配合及财务部的审核监督。客账记录的方法和要求主要如下。

①账户清楚。接待处给每位登记入宿的顾客设立一个账户，供收银处登录该顾客在酒店居住期内的房租及其他各项花费（已用现金结算的费用除外）。该账户是编制各类营业报表的情况来源之一，也是顾客离店时结算的依据。通常，酒店为零散顾客建立个人账户，团体顾客建立团体账户。

②转账迅速。顾客在酒店停留时间短，费用项目多，每位顾客一系列的消费都在几天甚至几小时内发生，这就要求转账迅速。各业务部门必须按规定时间将顾客账单送到前厅收银处，防止跑账、漏账、错账发生，保证准时结账，准确无误。如采用计算机收银系统，只要收银员将账单输入收银机，前厅计算机就同时记下了顾客当时的应付款项，这样能避免漏账，大大提高工作效率。

③记账准确。前厅为顾客建立客账后，即开始记录顾客住店期间的一切费用。顾客的房租采取依日累计的方法，每天结算一次，在顾客离店时加上当日应付租金，即为顾客应付的全部房租，一目了然。其他各项费用，如饮食、洗衣、长途电话、电报电传、理发、书报、租车等项目，除顾客愿意在发生时以现金结算外，其他均可由顾客签字认可后，由各有关部门将其转入前厅收银处，记入顾客的账卡。这就要求记账准确，顾客姓名、房号、费用项目和金额、消费时间等必须清楚，和户头账户保持一致。

（2）顾客结账

现代酒店一般采用一次结账的收款方式，是指顾客在酒店花费的全部费用在离店时一次结清。这样，既能给顾客带来方便，又能够给顾客留下服务态度好、工作效率高的良好印象。

（四）酒店前厅管理智能化分析

智慧酒店所要求的前厅员工不但要能够胜任智慧酒店现在的需求，还要能够胜任一些未来的变化，也就是说，我们在培养前厅部员工的时候要考虑到今后智慧酒店的发展变化，要能够了解酒店的发展趋势，这样才能培养出适应智慧酒店未来发展的人才。

1. 合理设置岗位，加强能力培养

智慧酒店的出现对前厅服务人员的要求带来了变化，很多新的岗位出现了，一些旧的岗位被取代了，这就对智慧酒店的人才培养提出了更高的要求。我们要根据前厅部新的岗位以及岗位职责来确定人才培养方案，要注重员工实践能力的塑造，在高校的酒店管理专业要引入智慧酒店的概念，高校、培训机构与智慧酒店本身携手，共同培养符合新的岗位需求的智能型人才。

2. 科学设置培训内容

培训内容的设置直接关乎培训的质量。首先，培训的内容要结合当今智慧酒店的发展现状，并且结合未来酒店的发展趋势，对员工或者准员工进行先进理论的培训；其次，要提高员工的信息技术技能，为他们以后操作智能设备打下基础；最后，要培养员工的沟通能力和语言能力，因为在智慧酒店当中员工的工作重点已经从原来的对客服务转向了对客关系的管理。

第二节　酒店客房管理

酒店客房部的正常运转依赖合理的组织结构，酒店业务范围不同，组织结构的设置也不尽相同，在组织结构中业务分工和员工的岗位职责也各有不同。

一、酒店客房

客房服务是酒店服务的重要组成部分，在很大程度上体现了酒店的服务水平和服务质量。从酒店员工与顾客接触多寡方面考虑，酒店各部门可被分为经营部门和职能部门，客房是酒店经营的一个主要部门，也是客人住店期间的主要活动场所。在向住店客人所提供的服务中，客房服务也起着核心作用。同时，客房部还承担着为其他部门提供一系列服务的重任。因此，客房部成为酒店的最基本职能部门，在酒店的业务经营中占据重要地位，客房服务也在酒店的经营管理中发挥着不可忽视的重要作用。

（一）酒店客房的主要职能

1. 经营职能

包括通过客房预订销售；通过前台接待销售；通过礼宾服务经营；通过客房服务

经营。

2. 管理职能

包括接待管理；房间状态管理；客账管理；信息管理；设施和设备管理；清洁管理。

3. 协调职能

包括酒店的信息中心；酒店内部协调中心；酒店对外联系中心。

4. 服务职能

包括预订服务；接待服务；礼宾服务；商务服务；收银服务；客房服务；清洁服务；洗衣服务；安全服务。

(二) 酒店客房服务的特点

现代酒店客房服务内容广泛，与以往仅能满足客人基本生活需要的客栈、旅社、招待所相比，要求更多，服务内容也更广泛。

总体来说，客房服务具有如下特点。

1. 服务性

客房装饰华丽并配备各种设备用品是吸引客人前来消费的原因之一，酒店在客房装饰配备上花费巨大，但吸引客人最重要的原因还是酒店客房所提供的服务。如清扫客房、通信、客房洗衣、小酒吧、送餐等各项服务。酒店必须满足客人的这些需求，因此服务成为客房商品价值的重要组成部分。从客人入住到离店，从购买客房商品到消费结束，每个环节都离不开服务，在相当大的程度上，服务水平高低是客人选择酒店的重要依据之一。

2. 复杂性

客房部的工作范围广，涉及内容复杂，除了要保持客房的清洁安全外，还要对整个酒店的环境卫生、装饰绿化、设备保养、布件制服的洗涤保管及式样设计负责。客房部拥有的员工数量、管理的设备物质、开支的成本费用与酒店其他部门比较也都是高比例的，因此管理起来也相当复杂。即使看起来简简单单的清洁工作也并不简单。比如，客房的卫生清洁，对于不同的物品擦拭的方法不尽相同，所用的清洁用品也不一样；对室内装修、物资采购提出有见地的方案更非易事。客房服务的对象各不相同，要使他们在其居留期间总保持满意的状态需要酒店付出很大的努力，所以做好客房服务工作绝不是件简单的事。

3. 随机性

满足住店客人的需求是酒店的责任和义务，只要其要求正当合理，客房有条件满足的都应该满足。这样就给客房服务人员增添了计划外工作量和工作难度，给客房服务带来了不可预知性。这要求客房服务员工必须有强烈的责任心和服务意识，主动自觉地灵活服务，为客人排忧解难，“想客人之所想，做客人之所做”。这需要有广泛的知识面，包括心理学方面的知识，善于揣摩客人心理。同时要有独立判断、解决问题的勇气和能力。

4. 不易控制性

客房服务是无形的，其服务质量的好坏不能像其他商品可以用机械或物理的性能指标来衡量。来自不同国家和地区的不同类型的客人，由于所处的社会经济环境的不同，民族习俗的不同、个性和经历的不同、消费水平和结构的不同，对服务接待的要求也不尽相同。因此，客人对服务质量的感受往往带有较大的个人色彩。酒店客房提供的服务质量的好坏在一定程度上取决于客人各自的需要和自身的特点。再者，服务也不能像其他产品那样，做得不好可以返工，任何一个环节出了问题，对酒店所造成的损失，常常都是难以弥补的。这就要求客房服务要做到程序化、标准化。除此之外，提供的服务因人而异，除了提供标准的服务，还应提供个性化服务满足不同客人的需求。

5. 窗口示范性

有资料显示，客人最为关心的就是酒店设施的清洁状况，尤其是客房的清洁状况。一间清洁大方、优雅舒适的客房，代表了整个酒店的档次、格调及其服务水平，具有窗口和示范作用。若再有合理的价格，客房将成为吸引客人再次光临酒店的重要因素。

二、酒店客房的日常服务

（一）客房常规服务

酒店的顾客各不相同，但对于酒店客房产品有共性的需求，如要求客房干净卫生。这就要求客房提供一些常规性的服务以满足住店客人的共性需求。

1. 客房清洁整理服务

客房是酒店客人主要活动的场所，保持客房清洁卫生是酒店的职责，也是客房部必须提供的服务之一。客房服务员必须及时整理房间卫生，使客人时刻感觉到酒店服务的到位。搞好客房的清洁整理，保证客房清洁卫生、舒适典雅、用品齐全是客房部的一项重要任务，它也是酒店一切工作的基础和前提。清洁卫生服务与管理工作的好坏直接影响着酒店的形象、气氛乃至经济效益。所以，客房部必须运用一些必要的方法来有效地管理和控制这项工作。

（1）客房清洁整理的准备工作

为了保证客房清洁整理的质量，提高工作效率，必须做好客房清洁整理前的准备工作。

①清扫客房时应换上工装。客房服务员应准时上岗。上岗前，应按酒店的规定换好工作服，整齐着装，整理好仪容仪表，然后到客房中心签到。值班经理或领班须对服务员的仪容仪表、精神状态进行检查。

②领取钥匙。酒店会根据每天的不同住房情况对客房服务员进行任务分派，服务员在接受工作任务时需明确自己的工作楼层、客房号、当日客情、房态以及特殊要求或特殊任务等。接受任务后到客房中心领取钥匙。钥匙由值班员统一收发保管。领取工作钥匙时，必须履行签字手续。服务员领取钥匙后必须填写登记表，然后尽快到达自己的工作岗位并立即进入工作状态。

③了解分析房态，决定客房清扫程度和顺序。服务员在开始清扫整理前，须了解核实客房状况，其目的是确定房间清扫的程度和清扫顺序。这是必不可少的程序。

简单清扫的房间。空房属于这一类房间，服务员只需要视具体情况每天擦擦灰尘；过几天吸一次地毯、检查一下设施设备是否管用，看看卫生间水龙头是否有锈水（如有黄色的锈水，则应打开水龙头1~2分钟，把它放掉）；如室内空气不新鲜，也应打开窗户换换空气；调节温度，使室温比较适宜。

一般清扫的房间。外出客人的客房和长住房属于此类房间。此类房间需要整理床铺、撤换脏布草（床单、枕套、浴巾、毛巾等）、补充客房用品并较为全面地清扫客房（倒垃圾、倒烟灰缸、擦洗卫生间、整理衣物……）。

彻底清扫的房间。走客房属于此类房间。长住客人离店后，要进行彻底清扫，要仔细地刮地毯，进行地毯除污，认真擦洗客房内各个角落、设施设备的里里外外，如墙纸脱落或有污损，还应更换墙纸，翻转褥垫甚至撤换窗帘。此外，接待重要客人的房间也应进行大扫除，除污、打蜡、抛光，做到窗明几净，一尘不染，床也要铺得整齐、美观、没有褶皱，床单上不留任何污迹。

④决定清扫顺序。服务员在了解核实了自己所要打扫的客房状态后，应根据开房的急缓先后、客人情况或领班的特别交代，决定房间的清扫顺序。合理安排清扫顺序，其目的在于既满足客人的特殊需求，又要优先考虑加速客房出租的周转。客房的一般清扫顺序如下：A. VIP房。此类房间须在接到清扫通知的第一时间清扫，并按酒店规定的礼遇规格要求进行布置。B. 挂有“请清理房间”服务牌的房间。C. 住客房。D. 走客房。E. 空房。

⑤准备工作车和清洁工具。服务员要根据所要打扫的房间数量及房间状况，备足床

单、枕套、洗脸巾、脚巾、浴巾等干净布草以及香皂、淋浴帽、牙膏、牙刷、火柴、一次性拖鞋、卫生纸、针线包、暖瓶等客用消费品和信纸、信封、圆珠笔等文具和各种说明书，还有洗涤剂、马桶刷、抹布等各种客房及浴室清扫用具，并将所有这些按照一定的规律放置在清洁车上。最后还要准备好吸尘器。吸尘器在使用前先做好检查工作，看部件是否严密，有无漏电现象。工作车和清洁工具的准备工作，一般要求在头天下班前做好。在第二天进房前，还须做一次检查。所有用品应当一次性准备齐全，否则还得在清扫过程中耽误时间回去取。

（2）房间的清洁整理

为了保证房间的清洁整理工作能够有条不紊地进行，提高劳动效率，同时避免过多的体力消耗和意外事故的发生，客房部要制定卫生操作程序，实行标准化管理，这是客房清洁卫生管理的首要内容。这些卫生操作程序规定服务员的操作步骤、操作方法、具体要求、质量标准等。客房服务员应根据不同的客房，严格按照清扫的程序和方法进行，使之达到酒店规定的质量标准。

①客房的清洁整理。进入客房前必须敲门，得到允许后方可进入房间。敲门时要先轻轻敲三下，然后报称客房服务员，待客人允许后方可启门进入。敲门时不得从门缝或门视镜向内窥视，不得耳贴房门倾听。如果三四秒钟后客房内没有回答，再轻敲三下并报名。重复三次仍没有回答时，可用钥匙慢慢把门打开。进房后，无论客人是否在房间，都不得将门关上，以防客人误会。在清扫客房时，要将“正在清扫”牌挂在门锁上。如果进入房间后发现客人在房间，要立即礼貌地向客人讲明身份，征询是否可以进房清扫；如进房后发现客人在卫生间，或正在睡觉，正在更衣，应立即道歉，退出房间，并关好房门。须注意：在进入房间清扫时，要把空调开大，并关掉开着的灯，拉开窗帘。如房间有气味，打开窗或喷洒空气清新剂。整个清扫过程中，房门必须始终敞开。清扫一间开启一间，不得同时打开几个房间，以免客人物品被盗。

清理垃圾杂物，撤走用过的客房用品。将卫生间垃圾和房间垃圾、烟缸里的烟头倒入垃圾桶内，清理纸篓，然后将烟缸放到卫生间内。倒烟缸时，要检查烟头是否熄灭，不可将烟头倒入马桶内。撤出客人用过的餐具、茶杯、冷水杯等。如果房间内有免费招待的水果，要将不新鲜的水果及果皮盘一同撤走。清理垃圾杂物时，不经客人同意，不得私自将客人的剩余食品、酒水饮料等撤出房间。将棉被折叠整齐，放于电视柜内或壁橱内。逐条撤下用过的床罩、枕袋、毛毯和床单，放进工作车，并带入相应数量的干净床单和枕袋。撤床单时要抖动一下以确定未夹带衣物等。床上有客人衣物时，要整理好。

②整理床。顺序如下。

拉床。站在床尾将床连同床垫同时慢慢拉出离床头板50厘米。对正床垫，并根据床垫四边所标明的月份字样，将床垫按期翻转，使其受力均匀平衡。

铺第一条床单（垫单）。抖单：站在床头或床尾中间位置（或床的一侧居中位置），抖开床单，将毛边向下抛盖在床的正中位置上。定位：抖单同时看准方向和距离，有褶皱的卷边要稍加整理。包角：掀起床垫尾部将床单塞入夹缝，按对称手法将床的两侧包成四个45度角。

铺第二条床单（盖单）。抖单方法同前，注意应将其毛边向上，中线与垫单对称，床单头部与床头板对齐。

铺毛毯。盖毯：盖上毛毯，中线对齐，毛毯上端距床头约35厘米，注意将毛毯商标朝外在床尾下方。包角：将毛毯尾部连同盖单下垂部分塞入夹缝中，将床尾两个角包成信封角。包边：将盖单由床头部向上反卷包住毛毯头，将床西侧下垂的毛毯同盖单一起塞入夹缝。

套枕袋。拍松枕芯，套上枕袋，装好后的枕芯要把枕袋四角冲齐。

放置枕头。将套好的枕头放置床的正中，单人床将枕袋口反向于床头柜，两个枕头重叠摆放。双人床枕套口方向相对。

盖床罩。将折叠好的床罩放好打开，床尾及两边定位，两边均等，床尾部分距地面5厘米；站在床头位置将床罩置于枕头上边，将多余部分分别均匀塞入上下枕头夹缝之中；整理加工，使其美观。

将床推回原处。把床身缓缓推回原位置，最后再将做完的床查看一次。对不够整齐、造型不够美观的床面，尤其是床头部分，稍加整理。

③抹尘。从门外门铃开始抹至门框。抹布一般要拿干、湿抹布两种，按顺时针或逆时针方向抹，先上后下，先里后外，先湿后干，不留死角。

将物品按规定摆放整齐，抹的过程中应默记待补充的物品。

每抹一件家具、设备，就要认真检查一项，如有损坏，应在“楼层服务员做房日报表”上做好记录。抹尘时抹布要有分工，即房间用抹布和卫生间用抹布必须分开。不得用客用“四巾”等作抹布。

④清洁卫生间。卫生间是客人最容易挑剔的地方，因为卫生间是否清洁美观，是否符合规定的卫生标准，直接关系到客人的身体健康，所以卫生间清洁工作是客房清扫服务的重点。

进入浴室，撤出客人用过的皂头、浴液、发液瓶及其他杂物。

清理纸篓。用清洁剂全面喷一次“三缸”（浴缸、洗脸盆、马桶）。

用毛球刷擦洗脸盆、云石台面和浴缸以上三格瓷片，然后用花洒放水冲洗。用专用的毛刷洗刷马桶。

用抹布擦洗“三缸”及镜面、浴帘。马桶要用专用抹布擦洗，注意两块盖板及底座的卫生，完后加封“已消毒”的字条。

用干布抹干净卫生间的水渍，要求除马桶水箱蓄水外，所有物体表面都应是干燥的，不锈钢器应光亮无迹，同时默记卫生间需补充的物品。清洗卫生间时必须注意不同项目使用不同的清洁工具、不同的清洁剂。清洁后的卫生间必须做到整洁、干净、干燥、无异味、无脏迹、皂迹和水迹。

⑤补充客用物品。补充房间和卫生间内备品，按规定的位置摆放好。整理房间时，将客人的文件、杂志、书报等稍加整理，放回原来的位置，不得翻看。尽量不触动客人的物品，更不要随意触摸客人的照相机、计算器、笔记本和钱包之类的物品。

⑥吸尘。吸尘时要由里往外吸，先吸房间，后吸卫生间。注意行李架、写字台底、床头柜底等边角位的吸尘。

吸尘器用完后，绕好放于工作车侧面。

⑦复查。吸尘后，客房的清扫工作就告结束。服务员应回顾一下房间，检查房间、卫生间是否干净，家具用品是否摆放整齐，清洁用具是否遗留在房间内等。检查完毕，把空调拨到适当位置上。

关好总电开关，锁好门，取下“正在清扫”牌。若客人在房间，要礼貌地向客人表示谢意，然后退出房间，轻轻将房门关上。

填写“楼层服务员做房日报表”。

⑧小整理服务。小整理服务是客房服务员对住客房间进行简单的整理，包括：拉回窗帘，整理客人午睡后的床铺；清理桌面、烟缸、纸篓内和地面的垃圾杂物，注意有无未熄灭的烟头；简单清洗整理卫生间，更换客人用过的“四巾”、杯具；补充房间茶叶、热水和其他用品等。小整理服务的目的就是要使客人走进房间有一种清新舒适的感觉，使客房经常处于干净整洁的状态，是充分体现酒店优质服务的一个重要方面。各酒店应根据自己的经营方针和房价的高低等实际情况，决定是否需要提供小整理服务。至少应对 VIP 房和高档房间进行这项服务。

2. 客房小酒吧服务

客房一般提供小酒吧服务来满足住店客人在房间享用酒水饮料的需求。一般配冰箱与酒水台，高档客房配迷你吧台，存放一定数量的软硬饮料和干果，如烈性酒、啤酒、果汁、汽水等，供客人自行取用。按规定，软饮料要不少于5~8种，硬饮料不少于3~5种。还要配备酒杯、杯垫、调酒棒、纸巾等用品。服务员为入住客人介绍客房设备与服务项目时可以同时准确推销客房酒水。客房酒单设计应美观大方，上面注明各项饮料食品的储存数量和单价，请客人自行填写耗用数量并签名。服务员每天上午清点冰箱内饮料食品的耗用量，与收费单核对。如客人未填写，则由服务员代填。客人住店期间，服务员及时到楼层领取补充酒水、饮料。

3. 送餐服务

某些客人由于生活习惯或特殊要求，如起早、患病、会客等，要求在客房用餐并额外支付送餐费用。现在中高档酒店按规定必须提供这项服务，多由餐饮部的客房餐饮服务部专司其职。低档酒店在客人提出要求时也应当尽力满足之，可由客房服务员兼管。

客房用餐分为早餐、午餐、晚餐、点心等。客人在房内用餐可以通过电话预订，也可直接由客房服务员来订餐。酒店在客房中一般提供早餐牌或客房用餐点菜单。对于早餐，客人可于前一天晚上在客房备有的早餐牌上选好食物种类，注明用餐时间，然后将其挂在房门把手上，由服务员定时收集，代向餐饮部订餐员订餐。

送餐由餐饮部送餐员或客房部餐饮部服务员直接送进客房。根据客人用餐多少，可以用托盘或送餐车送上。送餐车必须有保温装置，防止送到时饭菜温度不够影响质量。无专门送餐员的酒店可由餐厅服务员送到楼面，再由客房服务员送进房间。

4. 送洗客衣服务

(1) 服务内容

洗衣服务可分为水洗、干洗、熨烫三种。时间上分正常洗和快洗两种。正常洗多为上午交洗，晚上送回；下午交洗，次日送回。快洗不超过4小时便可送回，但要收加急费。没有洗衣房的酒店往往要次日送回。送洗客衣工作由楼面台班服务员承担。

(2) 服务方法

酒店客房一般有洗衣袋和洗衣单，客人将要洗的衣物和填好的洗衣单放进洗衣袋，留在床上或挂在门把手上。也有客人嫌麻烦请服务员代填，但要由客人过目签名。客房服务员要时刻关注客房状态，一旦发现有要送洗的衣物应立即送往洗衣房。洗衣单一式三联，一联留在楼面，另两联随衣物送到洗衣房。按照酒店规定服务员应在上午某一规定时间之前（一般为9点或10点）巡查一下可能有洗衣的房间，及时收出。为了防止洗涤和递送过程中出差错，有的酒店规定，客人未填洗衣单的不予送洗，并在洗衣单上醒目注明。

送回洗衣也有不同方式。可由洗衣房收发员送进客房，或客房服务员送入客房。洗衣房送回客衣时，应按洗衣单逐件进行清点，检查洗涤质量，查看衣物有无破损、缩水、褪色等。不能折叠的衣物需用衣架挂放。送客衣进房间，请客人检查验收，清点完毕后向客人道别。如客人不在房间，应按程序进门，把衣物摆放在床上或挂于衣橱内。送洗客衣是一件十分细致的工作。按国际惯例，由于酒店方面原因造成衣物缺损，赔偿金额一般以洗涤费用的10倍为限。所以要求经手员工认真负责，不能出一点差错，否则会招致投诉，给酒店造成经济损失和名誉影响。

5. 会议服务

目前会议旅行客人很多。大型酒店配备了国际会议中心、展览厅、会议厅等设施，中小型酒店也设有大小不等的会议室，以适应各种类型会议的需要。会议旅行客人一般身份地位较高，多属高级知识分子、政府官员、各有关机构的代表等，因此会议服务要讲究规格质量。客房服务员承担的会议服务，是指客人在楼层的一些客厅里举行某项活动或仪式时所采取的服务方法。主要是小型会议以及会谈、会见、签字仪式等。

6. 访客接待服务

楼层服务员对来访客人的接待，应该像对待住客一样热情礼貌。在征得住客同意后，引领来访者进房间。

7. 擦鞋服务

客房内通常备有擦鞋纸、擦鞋巾，以方便客人擦鞋。酒店也可代客擦鞋。

（二）客房特殊服务

客房的特殊服务，也可称为“个性化服务”，主要是针对常规服务而言的。不管是常规服务或是特殊服务都是为了满足客人的需求而设立的。在顾客需求不断变化和发展的现今，做好个性化需求，特殊需求更能显现出酒店的服务质量。一般来说，等级高的酒店，特殊服务可以成为酒店的常规服务；在等级低的酒店，有些常规服务也变成了特殊服务。在这里，主要简述以下几种酒店客房的特殊服务。

1. 换房服务

在客人住店过程中，可能因为各种原因提出换房服务。若是客人要求换房，应弄清客人换房的原因，问清客人需要什么类型的房间。住店期间通常酒店不会要求客人换房。如果出现了这种情况，酒店应向客人做好解释工作，向客人详细介绍准备调换的客房情况，与客人确定换房的具体时间。如果换房过程中客人改变了客房类型，通知行李员带客人到新的客房，帮助客人提拿行李并派发换房通知单给有关部门。接待员应更正客房状况控制架上（或电脑中）的房态记录，更改问讯架（或电脑中）客人的房号记录。

2. 加床服务

酒店通常规定12岁以下的儿童与父母同居一室，可在房内为儿童免费提供一张小床，但不可把沙发椅当作床。如3个成年人同居一室（通常是在旺季客房不够时允许这样）要加床。当3个成年客人同住一间双人房时，第三位客人要做加床处理并收取加床费。一间房内一般不允许加两张床，因为这样既会给打扫卫生带来不便，也会降低酒店收入，影响酒店声誉。如需要加床应在客人通知单上注明“加床”字样，同时在欢迎卡（钥匙卡）上注明该客人为加床客人。通知客房中心或楼层服务员为客人加床同时通知收款处，更改电脑中的房态资料。请行李员（派送员、信使员）派发加床通知单给相关部门。

三、酒店客房管理智能化分析

（一）客房智能系统功能趋于移动端的服务管理一体化

手机App、微信自助服务简化了客房预订与入住手续，增强了客户体验感，同时建立起移动端的客户交流和互动，受到顾客欢迎，较容易实施，而客房管理功能较少。同时应注意到，实现微信、数字开门，并非简单地将成千上万个房号和访客“对号入座”，而是连接客房、顾客、智能手机需要的大量数据，其安全性和分析应用依赖技术第三方的服务能力，同时此功能面临数字化门锁的更新改造和成本提升。

（二）客房智能系统实施走向无线物联化

客房智能控制系统发展十余年来，通过综合布线，以集中控制管理器RCU为核心，弱电控制强电的控制模式应用广泛；但由于需要控制面板的强弱电布线，使用的管线配件众多，实施成本高，RCU出现故障后维修比较麻烦，影响客房使用，使得许多酒店在智能化建设改造中望而却步。客房智能系统的发展除功能开发之外，还需要创新技术模式，降低建设和使用成本。随着无线网络及物联网技术的大力发展，无线网络使用成本降低，成为酒店必备设施和环境，也促使客房智能系统向无线物联化发展。

第三节 酒店餐饮管理

餐饮管理是酒店管理的一项重要课题，是一项集经营、管理、技术、艺术等于一体的富有创新性的活动。酒店餐饮管理与其他管理相比，有着自身的特点，要求酒店在餐饮管理上具有特色，从而与管理主体的要求相适应。

一、酒店餐饮管理概述

（一）餐饮管理职能

1. 计划

计划是设立目的和目标，制订实施方案和工作步骤的管理活动。目的和目标指明管理工作需要做什么，实施方案则明确如何去做。计划应该在餐饮管理活动开始之初完成。

2. 组织

组织是在管理活动中回答“如何对有限的人力资源进行最优配置和利用，以实现组织的目标”的问题，组织就是要在人群中建立权力流程和沟通体系。

用人是餐饮组织管理活动的重要内容之一，它的目标是将最高素质的员工吸引到酒店中来。求职申请表、筛选测试、个人资料审核及其他审查手段都是招募计划、挑选程序的组成部分。

将求职申请人合理地安排到空缺的岗位，而不是招聘后再去问他能做什么工作，是十分重要的。要做到这一点，设置工作职位时必须规定所承担的任务。工作说明书或岗位职责列出了每个岗位人员需要完成的任务，这便于将求职申请人配备到相应的职位上。岗位职责的任职条件说明书列出了有效完成岗位工作所需要的个人素质和必备的个人条件，也可用于安排员工岗位。

通常情况下，招聘职位的申请人越多，筛选人员的工作也越复杂，但近年酒店招聘人员有越来越困难的趋势，尤其是一线服务人员。因此，更应鼓励大量人员前来申请职位，这样发现适合岗位的人员的机会就会增加。

确保新招聘来的人员一入职就有一个好的开端是组织用人管理的内容之一。老员工过去的工作经历强烈地影响着新员工与企业之间的关系。精心安排好入职培训工作对新员工正确了解管理人员、了解一起工作的同事和了解酒店的总体情况是非常必要的。

3. 协调

协调是分派工作任务、组织人员和资源去实现企业目标的管理活动。协调的基础是沟通。酒店中必须建立有效的沟通渠道，使信息能够在组织机构中上下流通。

4. 指挥

指挥是绝大多数管理人员的主要工作任务。人们通常认为，管理就是通过他人来完成工作。对劳动密集型的餐饮服务业来说更是如此。员工是每个酒店获得成功的极其关键的因素，了解员工的需求、愿望和期望可以帮助餐饮管理人员更有效地指挥员工。

指挥是指对员工的督导、工作安排和制度约束。督导包含了在工作过程中管理者与员工之间相互联系的所有方式。当管理人员对员工进行督导时，应懂得如何激励员工的士气，如何使员工有合作精神，如何对员工下达指令，如何使员工在人群中表现最优。

将机构目标与员工的目标融为一体变得越来越重要。只有当个人的需求在工作中得到满足时，员工才能被激励。要尽量让员工参与对他们有影响的决策。

合理地安排员工的工作是非常重要的。管理人员必须精确地了解每项工作需要多少劳动力，然后才能在此范围内开展工作，并且公平地对待所有的员工。

用制度约束员工是使许多管理人员感到畏惧的事情。但是，如果管理人员确信制度约束不是一种惩罚的方式，便会有一种积极的感受。确切地说，制度约束是一种提醒和纠正员工不正确行为，并帮助员工成为组织中高效率成员的管理方式。制度约束的方法包括个别训导、召开劝告会，以及经理（也许是上一级经理或大企业人力资源部派出的人员）与员工进行严肃的谈话。在某种情况下，也可以采取书面警告和暂时停职的方式。执行正式的书面规章制度是保护管理人员自己和酒店的最佳方法，这样可以避免偏袒、歧视和不公正行为的发生。

5. 控制

仅有有效的计划制订、资源组织及员工挑选和指挥实施还不能保证目标的实现。因此，在管理过程中，必须实施控制职能。

控制职能包括建立和实施控制系统。

餐饮产品是经过餐饮服务企业生产出来的。因此，对产品的采购、验收、储存、发放、制作和服务过程进行控制是至关重要的。餐饮管理人员应该建立一套能够及时警示问题发生的控制体系。几个星期之后才知道问题的存在而需要控制，显然是无济于事的。餐饮服务管理人员经常要制定每天或每周的控制程序，以便补充会计和成本核算控制人员所提供的财务日报的不足。

6. 评估

评估在餐饮管理活动中的内容有：（1）总结在实现机构总体目标过程中的经营业绩；（2）评估员工的工作表现；（3）评估培训计划的效果。

不管机构目标是否完成，管理人员必须经常不断地进行评估，因为自满总会给日后的经营带来麻烦。如果目标即将实现，管理人员可以去完成新的目标。如果机构目标还没有完成，评估过程还可以起到弄清存在问题的作用。意识到问题的存在是迈向解决问题的第一步。

餐饮管理人员还必须评估自我以及自己的工作。有些管理人员认为他们的工作做得很出色，因此不需要自我评估。另外一些管理人员则认为，自己是在尽最大的努力完成工作，不可能任何事情都做得很好，所以对他们进行评估是没有意义的。这两种认识都会导致工作的低效率。以真诚的态度反复检查自己的工作表现可以帮助管理人员提高自身的业务能力和处理人际关系的能力。

评估是任何时候都要进行的重要工作。在餐饮管理过程中，管理人员应该定期安排时间去实施这一步骤。

（二）餐饮管理内容

餐饮管理，是将有效的各种餐饮资源加以有机整合，从而为酒店创造持续、理想的社会效益和经济效益。具体分析、全面把握餐饮管理内容，是餐饮管理人员充分履行职责、系统开展管理工作所必需的。

1. 酒店人力资源管理

人力资源管理是餐饮管理的首要任务，因为只有有了人，餐饮业的各项工作才可能开展。人力资源管理包括对酒店进行人员配置、人员招聘与培训、考核与激励、保持酒店人员的动态平衡等具体内容。

（1）人员配置

酒店用工多、劳动密集，因此，更需要进行合理的人员配置。人员配置包括根据酒店的规模、档次，对酒店进行机构设立、管理层次和幅度的确立，对餐饮机构内的各工种职能进行分工界定，对各岗位职责进行规定。

（2）人员招聘与培训

酒店新员工需要通过合适的渠道进行招聘，有人员流失的岗位仍需要进行填补招聘。各岗位人员任职条件的确定、应聘人员的审核、测试等是餐饮业人力资源管理的又一基础工作。

招聘员工的培训，员工上岗以后的继续培训，培训主题的确定，培训活动的实施，这些都是餐饮管理人员应身体力行的。

(3) 考核与激励

设计酒店各级别、各岗位的考核频率、考核方式，并适时组织实施；指导并实施对酒店员工的激励、建立团队精神、增强集体协作意识。根据酒店及员工构成的特点，帮助员工及管理人员规划自己的职业生涯，确定企业的发展远景，并通过有效手段，鼓励员工将个人目标与企业成长、发展目标融为一体。

(4) 保持酒店人员的动态平衡

酒店人员流动虽不可避免，但不可没有节制。餐饮管理要力求使流动率保持在适当的幅度以内。对在企业从事生产、服务工作的员工，也要适时进行优化组合，以使人力资源的作用得到最大限度的发挥。

2. 酒店经营效益管理

在既定档次、标准、水准的前提下，餐饮经营企业追求利润最大化、服务性企业追求成本最小化，这是餐饮管理的一致目标。酒店经营效益管理是餐饮管理最为量化、酒店投资者最为关注的内容。酒店经营效益，是酒店的营业状况、盈利水平、成本控制效果、资金使用态势的综合表现。这些方面的内容既是餐饮管理中容易考核的内容，同时又是对餐饮管理最具有说服力的考核内容。

(1) 经营计划管理

根据酒店投资经营目标，结合当时、当地各方面信息资源条件，进行餐饮生产经营计划，是餐饮管理带有战略性的决策工作。经营计划包括市场定位、定价策略、毛利及成本水平、企业改造或大修理运作等方面内容。

(2) 经营指标管理

经营指标是酒店运作管理水平、管理目标实现程度的经济的、直观的体现。经营指标不仅包括营业收入、成本幅度、获得毛利、实现利润等指标，还有若干与之配套、互为支持的众多具体、细化指标，如上座率、翻台率、人均消费、餐具损耗率等。

(3) 营销策划管理

营销策划是实现酒店各项经营指标的重要手段和有力保证。餐饮营销策划，包括计划、组织美食节，外卖、各种食品促销活动等，并力求降低销售成本，创造可观的销售业绩。

3. 酒店物资原料管理

(1) 设备设施管理

餐饮设备设施管理，包括餐饮设备设施的投入、结构设计与设备布局、选型与购买、日常使用管理责任的确定以及维护和保养机制的建立。餐饮管理人员，应该成为整个酒店设计与布局、设备配置的权威，对完善和提高餐饮生产及服务质量方面的设备、设施及设计问题提出积极建议。

（2）餐具、用具管理

餐具、用具是餐饮生产和服务使用频率极高、直接构成产品、影响产品质量的重要因素。餐具、用具的配备、日常生产、应用的管理，正常损耗的核定，添补、调整的计划，以及此类物品的运作、管理方式等，都是餐饮管理不可或缺的组成内容。

（3）食品原料管理

食品原料管理是餐饮生产经营赖以持续进行的先决条件，同时，也是降低成本和保证出品质量的基本前提。食品原料的组织与管理，虽由作为企业职能部门的采购和仓库保管部门专职运作，但作为使用部门，作为直接与消费者沟通、接触的部门，餐饮厨房生产和服务销售岗位人员理应积极参与、主动协助完善相关管理工作。餐饮管理人员应对原料的规格、标准、进货方式与周期、进货质量与数量，以及新品原料的开发和引进、对供货商的考核和评估等方面履行积极认真的管理职责。

4. 酒店产品质量管理

（1）厨房出品质量管理

厨房出品是解决顾客消费的基本功能性问题的。厨房出品质量管理包括对厨房产品设计、不同消费标准的产品组合；对菜点色、香、味、形、质地等感官性状的检查、要求；对出品次序，以及菜点创新节律和质量的把握等。

（2）服务质量管理

服务质量是决定顾客餐饮消费方便、舒适程度和心理感受的重要内容。服务质量包含餐饮员工的服务技能、服务态度和服务工作效率等。服务质量管理，就是围绕上述内容进行流程设计、指导培训、督导运转等工作。在服务规范、技艺成熟的基础上，设计并提供有针对性的个性化服务，是对服务质量管理的更高要求。

（3）就餐环境管理

就餐环境是构成顾客餐饮消费心境、情趣，进而影响用餐时间和人均消费的重要因素。就餐环境管理，包括环境舒适程度，如空气、音响、气味、温度、湿度、卫生整洁等的设定和控制；环境装修、摆饰的美观、大方，雅致效果的创造，如家具、衣橱、电视机、洗手间、传菜道等；同时还包括气氛的渲染和特定主题文化氛围的营造，如主题宴会、节日用餐、家人欢聚、公司庆典等。

5. 酒店工作秩序管理

酒店工作秩序管理，主要指酒店为做到生产经营工作计划有序，必须从事的一些日常基础管理，包括设计生产、服务运作流程，制定工作规范与标准，建立督导机制等。

(1) 工作流程规划

酒店工作秩序管理的一项最基础的工作，是根据酒店的规模、档次、隶属关系、销售市场及生产、经营方式和特点，规划、设计切实可行的企业工作运转流程与方式。具体地讲，酒店工作流程规划，包括原料申购、申领程序与方式，信息传递渠道与方式，质量管理体系建立，成本控制体系建立，突发事件处理（预案）体系建立等。

(2) 制定生产规范

生产规范即生产规格、工作标准。酒店无论是厨房生产，还是餐厅服务，多为手工劳作。因此，员工操作先天的差异性与大部分顾客认同的规范化就有一定矛盾。解决这个矛盾的有效办法就是站在企业和顾客需要的角度，设计制定与餐饮规格档次、目标定位相吻合的各项操作规范，并以此培训、指导员工操作。这些规范主要包括：餐厅服务规范，如引座、托盘、斟酒、分菜、撤台等；厨房生产规格，如原料加工规格、上浆规格、菜肴配份规格、果盘切配规格等；餐饮工作程序，如原料申购、申领程序、顾客退换菜点程序、顾客寄存酒水程序、为客人结账程序等。

(3) 制定管理制度

制度是保证执行规范的前提，是保护先进、鞭策落后的手段，是企业管理导向的标志。制定积极向上、切实可行的系列管理制度，对健全和完善酒店管理是非常必要的。酒店管理制度主要有员工休假、请假制度，各岗位值班交接班制度，人员考核制度，技术、技能比赛制度，企业奖惩制度，设备、设施管理制度，消防、安全制度等；而作为酒店员工必须共同遵守的最为基本的行为规范要求，则是企业的员工守则，这同样是制度管理的重要组成部分。

(4) 设计运转管理表格

表格管理是餐饮管理的基本形式。餐饮运转、信息传递、账目处理、成本控制、质量分析、客户资料收集等主要业务管理活动，都离不开系列表格的支持。因此，设计简单明了、方便易行、合理配套的各类餐饮运转管理表格（表单）是餐饮管理必不可少的基础工作。管理表格主要有：客情预订及跟踪管理系列表，财务收银及成本控制系列表，货物申购、申领、调拨系列表，厨房各岗位规范用料系列表，质检项目及质量分析系列表等。

(5) 建立督导机制

工作流程规划和设计、制定生产规范和管理制度、设计运转管理表格，这些都是酒店良好工作秩序建立的必要前提。这些工作是否得到有效实施，执行情况怎样，其实也就是工作秩序如何，检查效果的关键是必须建立督导机制。这项工作包括设立督导模式、明确督导方法与策略、落实督导结果等，从而使督导与培训、督导与完善管理做到有机统一、相互促进。

6. 酒店卫生安全管理

卫生和安全管理是酒店至关重要的管理工作内容。卫生和安全是否达标，是否被消费者认可，是否让企业内部员工感觉踏实，直接关系到酒店经营能否正常进行，因此，这方面管理切不可投机取巧、敷衍了事。

（1）食品卫生安全管理

食品卫生安全管理主要是指对食品原材料、半成品及成品的卫生和安全管理，包括原料进货的各方面指标，保质期内的卫生和安全，厨房生产过程中半成品、成品的保管、质量指标合乎要求等。

（2）生产、操作卫生安全管理

厨房、酒吧对原料进行加工、生产、制作，不仅其操作方式、生产环境要符合卫生、安全要求，生产过程中的程序、规范也要防止对食品造成不洁或物品对食品造成污染。生产操作要严格按劳动保护和安全操作规范要求，防止各类事故的发生。

（3）设备及使用的卫生安全管理

餐饮对设备设施卫生、安全甚至方便美观程度要求很高。对设备及使用的卫生安全管理，主要包括对设备、设施的维护保养，设备设施损伤维修规范的建立，设备卫生、整洁的保持，设备安全操作规程的培训与督导执行等。

（4）产品销售及环境卫生、安全管理

各类食品、成品、菜肴、点心、酒水等餐饮的销售环境、销售方式、售卖用具的卫生和安全可能构成对食品消费前的污染，也可能造成售卖过程中的事故出现，因此，同样必须加强对这方面的卫生和安全管理。

（5）餐饮卫生安全管理体系建立

建立餐饮生产全过程、全方位的卫生督导、管理体系，切实加强卫生、安全制度建设和实施的督导，以规范、完善的管理有效防止食物中毒、火灾等各类事故的发生，并建立相应的预案管理措施，以确保对可能出现的事故进行有序、高效的应急处理。

二、酒店餐饮原料管理

（一）食品原料采购管理

菜单确定之后，所有满足客人需求的食品原料均需要通过采购工作来获得。食品等原料的采购，是酒店餐饮部为客人提供菜单上各种菜肴的重要保证，只有原料的质量合适，才能保证菜肴口味佳美。食品原料的采购数量、质量和价格不合理，会使餐饮成本大大提高。

采购程序是采购工作的核心之一。实施采购首先应制定一个有效的工作程序，使从事采购的有关人员和管理人员都清楚应该怎样做、怎样沟通，以形成一个正常的工作流程，也使管理者利于履行职能，知道怎样去控制和管理。各酒店可以根据自己的管理模式，制定符合本酒店的采购程序，但设计的目的和原理是相同的。

要保证餐饮产品的质量始终如一，企业使用的食品原料的质量也应该始终如一。食品原料的质量是指食品原料是否适用，越适于使用，质量就越高。

编定采购规格书之后，其质量标准可以使用相当长的一段时间，而采购数量标准却需要经常修改。一般说来，企业需每天修改数量标准。

（二）餐饮原料储藏管理

餐饮原料经过验收程序后，即进入了实物形式的保管环节。在这一环节，有关管理人员首先要弄清食品等原料对储藏保管的一般要求、注意事项，然后要掌握餐饮原料具体储藏管理的方法。

1. 对储藏区域的要求

餐饮原料仓库又称“原料储藏库”，每天要接收存储和分发大量的食品等原料。但是，不少酒店、餐厅对储藏库的设计工作不太重视，如各食品储藏库相隔很远，甚至分散在各个不同的楼层，因而影响仓储管理工作。

储藏库设计人员和企业经管人员在储藏库设计工作中需考虑的因素主要有以下两方面。

（1）储藏库的位置

从理论上讲，储藏库应尽可能位于验收处与厨房之间，以便于将食品原料从验收处运入储藏库及从储藏库送至厨房。但是在实际工作中，由于受建筑布局的限制，往往不易做到这一点。如果一家酒店有几个厨房且位于不同的楼层，则应将储藏库安排在验收处附近，以便方便、及时地将已验收的食品原料送进储藏库，这样可以减少原料被“顺手牵羊”的可能性。

一般而言，食品储藏库被设计在底楼或地下室内为佳。

（2）储藏库的面积

确定餐饮储藏库面积时，应考虑到企业的类别、规模、菜单、销量、原料市场的供应情况等因素。菜单经常变化的企业，储藏库面积就应大些。

2. 对温度、湿度和光线的要求

几乎所有食品、饮料对温度、湿度和光线的变化都十分敏感，不同的食品饮料在同一种温度、湿度、光线条件之下的敏感程度又不一样。因此，不同的食品饮料应存放于不同的储藏库之内，并给予不同的温度、湿度及光线条件，使食品、饮料始终处于最佳的待食用状态。

（1）温度要求

干藏库：最好控制在10℃~21℃。冷藏库：冷藏的主要作用是防止细菌生长。细菌通常在10℃~50℃之间繁殖最快，因此，所有冷藏食品都必须保存在0℃~4℃的冷藏间里。

（2）湿度要求

食品原料仓库的湿度也会影响食品存储时间的长短和质量的高低。不同的食品原料对湿度的要求是不一样的。

（3）光线要求

所有食品仓库均应避免阳光的直射。

3. 对离库处理的要求

离库处理又叫“发货”“发料”“送料”，它是库存实物管理中的最后一个环节。离库处理管理的基本要求是：做好准备工作，严格离库审核手续，按库存物品周转规律准确无误地发送物品，并科学、合理地做好相应的原料成本登记工作。

离库业务的处理是双方面的工作，对申领物品一方来讲，有申报、待批、领料、核查、提货、运送等作业环节；对发放物品一方来说，有备货、审核手续及凭证、编配、分发、送发、核定成本、复核等作业环节。库存管理工作的重点主要放在后者。具体而言，食品原料发料管理的要求是：保证厨房和酒吧能及时得到足够的原料；控制厨房和酒吧的用料数量；正确地统计食品饮料的成本。

（1）食品原料的发放

食品原料的发放工作是从企业采购入库经验收无误的货品中或从食品原料仓储的存货中发出食品原料供给生产部门使用的过程。餐饮食品原料的发放形式共有两种：无须入库储存原料的发放和库存原料的发放。

无须入库储存原料的发放。这些原料主要是即购即用的易变质性原料。食品原料经验收合格之后，从验收处直接发至厨房，其价值按当日进料价格计入当天食品成本账内。食品成本控制员在计算当日食品成本时只需从进货日报表的直接进料栏内抄录数据。当然，并非每一次记录都这样简单，例如，有的原料验收后，其中一部分须直接送至厨房，记录成本账目时作为直接进料，而另一部分须送仓库储存，因而需要作为仓库进料分别登记；另一种情况是，有时大批直接进料厨房当日用不完，剩余部分第二天、第三天才得以消耗完，但这批原料的成本已计入了进料当天的食品成本，因而会增加那天的食品成本率；为了简化手续，直接进料经过验收、在进货日报表上作登记之后，便直接送交厨房，此后仓库便不作其他任何记录。由于“直接进料”是在一收到就发往厨房，如果存在偷盗、浪费和变坏，就会在过高的成本数字上表现出来。

库存原料的发放。库存原料包括干藏的食品、冷藏的食品、冰鲜藏的食品和冷冻藏的食品等。这些食品原料经验收后入库房储存备用，在生产部门需要时从仓库领出，在领出当日转入当日食品成本账目。因此，对每一次仓库原料发放都应有正确的记录，这样才能正确计算每一天的食品成本。每天库房向厨房和酒吧发出的原料都要登记在“食品仓库发料日报表”上。

库存原料发放的控制。其一，定时发料。规定发料时间非常重要，因为这直接影响着生产过程。厨房根据自己所需要的食品原料填写领料单，仓库按领料单进行备料。其二，凭单发料，即凭领料单发料。领料单是仓库发出原料的原始凭证。领料单上应正确地记录仓库向各厨房发放的原料数量和金额。

（2）饮料的发放

饮料购入后，其采购金额全部计入库存额，要在饮料领出后才计入成本。仓库发放饮料同样要凭领料单，领料单须有酒吧经理或餐厅经理签字才有效。

由于饮料在销售时毛利较大，且一些名贵酒类价值很高，所以对饮料的发放应严格控制。一些零杯销售的酒水（通常是名贵酒），不仅要凭领料单，还需凭酒吧和餐厅退回的空瓶。这种做法要求酒吧或餐厅对饮料保持固定的标准库存量。每天退回的空瓶数应是昨日的消耗量（零杯酒除外），每日领取的饮料量实际上是补充昨日消耗掉的饮料量，使酒吧（餐厅）的储存量保持在标准水平。如酒吧中的人头马按干邑酒的标准储存量应储存 5 瓶，用完 2 瓶的空瓶在领料时送回后再领取 2 瓶，这样酒吧每天营业开始时该类酒始终保持 5 瓶的标准储存量。

由于酒吧和餐厅在营业服务中常销售整瓶酒水，有的客人喝了一半连瓶将酒水带走，整瓶酒水的空瓶就难以收回。为加强控制，整瓶酒水的销售要填写整瓶销售单。客房用餐服务中的整瓶酒水销售也要填写整瓶销售单。在领料时以整瓶酒水销售单代替空瓶作领料的凭证。

酒吧或餐厅保持标准储存量有利于保证饮料的供应和对酒吧、餐厅的饮料加强控制。采取凭空瓶和整瓶销售单领料，酒吧、餐厅可以随时按实际结存的饮料瓶数和空瓶数（或整瓶销售单上的数量）对照标准储存量检查饮料的短缺数。各种商标的酒水无论在何时检查都应是如下数量：

满瓶饮料数+不满瓶数+空瓶数（或整瓶销售数）= 标准储存量

酒吧及厨房的储存面积较小且较难控制，所以标准储存量要根据每天的平均消耗量计算，一般不多于三天的需求量。宴会、团体用餐等重大活动无法设立标准储存量。为宴会领取的酒水一般大于预计的需用量，在宴会结束后要将未用完的酒水退回。

退回的饮料填写在食品饮料调拨单上。

（三）酒店餐饮产品管理

1. 餐饮生产场所的安排与布局

没有满意的员工就没有满意的顾客；没有使员工满意的工作场所，也就没有使顾客满意的环境。生产场所合理的设计布局是生产餐饮产品、体现高超烹饪技艺的客观要求。因为餐饮生产的工作流程、生产质量和劳动效率，在很大程度上受到厨房设计布局的影响。生产场地设计布局的科学与否，不仅直接关系到员工的劳动量和工作方式，同时影响到生产场地内部以及生产场地与餐厅间的联系，影响到建设投资是否合理和确有成效。

餐饮生产场所的布局安排，即确定食品生产各部门的具体位置，将生产所需要的设备、用具最为合理地组合成操作加工的点、线并分布在生产场所内。这是一项复杂而又受多种因素影响的工作。因此，在进行布局安排时，应该由布局设计者、管理者、生产者、设备专家共同讨论、研究决定。

2. 餐饮生产质量控制

餐饮生产，即由酒店餐饮部承担的对菜肴、点心、饮料等对象的加工、制作、成品的过程。餐饮部生产的产品，即厨房等餐饮生产部门加工制作的各类冷菜、热菜、点心、甜品、汤羹，以及水果盘等，其质量的高低好坏，直接反映了餐饮生产、制作人员技术水平的高低。产品的外表形态及内在风味，小而言之，会对就餐客人产生直接影响，关系到其是否再来用餐；大而言之则是通过客人的口碑，影响到整个酒店餐饮的声誉和形象。因而，餐饮生产的质量控制应成为餐饮生产管理的重点。

抓好餐饮生产质量管理与控制应首先了解有关产品质量的基本原理、餐饮产品的质量概念及特征，形成餐饮产品质量的因素；然后应抓住餐饮产品生产过程的质量管理核心——标准食谱的制定与实施环节，展开工作与管理。

产品的服务、销售要好，服务工作要热情、及时、周到而有效率，就餐环境要舒适，能满足客人猎奇、享乐的心理需求，体现其身份和地位。

(1) 构成餐饮产品自身质量的要素

构 成餐饮产品自身质量的要求包括：产品的卫生；产品的营养；产品的颜色；产品的香气；产品的滋味；产品的外形；菜肴的质感；产品的器皿；产品的温度；产品的声效。

(2) 餐饮产品质量的形成过程

完整的餐饮产品质量的形成过程至少应该经历三个阶段：产品设计过程、产品生产制作过程、产品的推销服务过程。这里主要介绍前两个阶段。

①产品设计过程。餐饮产品的设计是指产品生产制作前对菜肴、点心、饮品的各种功能、原料状况、加工技术、成本与获利情况进行一系列分析、安排和调整，以制订出最合乎本企业生产的规范方案。这种方案在专业上被称为“标准食谱计划”。

产品的目标质量在产品的设计阶段已经基本确定下来。设计是质量之母，如果设计出来的产品，其质量已经达不到要求，那么最终生产出来的产品肯定是先天不足。因此，抓好餐饮产品质量的第一项工作就是把好产品设计关，打好质量的基础。

影响餐饮产品设计质量的因素有产品质量成本、产品价格、质量成本与价格的关系等。

一般而言，所设计的产品质量越高，产品本身所需支出的成本就越高，在达到一定程度之后，继续提高产品的设计质量（假设设计质量可以无限度提高)，则产品的成本会增加得更快。反之，产品的设计质量越低，其本身的成本也就越低。但若低到一定程度之后，若继续降低设计质量，则成本降低的幅度会变小。从产品价格上来看，常常是产品的设计质量越高，产品的售价也相应提高。产品售价上升到一定程度时，再提高设计质量水平，其售价也不会按比例升高。反之，设计质量越差，售价也相应下降。但是，下降到一定程度后，再降低设计质量水平也不能再引起价格下降了。

不同的产品设计质量会带来不同质量水平的产品，这些产品的成本和售价也是各不相同的。把设计质量水平与产品的成本、产品的售价相关起来，我们就会发现“产品设计质量—产品成本—产品售价”之间有盈利关系。

为了使所设计的产品质量水平能够盈利，就一定要使设计质量维持在盈利区域之内。这实际上是产品设计质量水平的适度性问题。质量上粗制滥造的产品不能赚钱，过分考究、精雕细琢的质量要求同样也不能给企业带来利润。

②产品生产制作过程。餐饮产品的生产制作是指如何依据“标准食谱计划”所设计的方案，通过具体的加工步骤、生产过程来达到产品设计所规定的质量指标指数。

餐饮产品设计质量的最终实现和形成，主要是通过具体的加工制作。另外，产品加工制作水平的高低可以改变产品的设计质量及成本水平。加工制作水平的提高，可以帮助降低产品成本；反之，则会带来更多的成本支出。

显然，良好的制作加工既降低了产品的成本支出，又增加了盈利区域。因而，抓好产品的加工制作过程的管理显得极为重要。

（3）餐饮产品的设计质量控制——制定标准食谱

①标准食谱的概念。标准食谱起源于西方国家的酒店管理，它是指餐饮企业为了规范餐饮产品的制作过程、产品质量和经济核算而制定的一种印有产品所用原料、辅料、调料的名称、数量、规格和产品的生产操作程序、装盘要求以及制作成本、价格核算方法等内容的书面控制标准。

②标准食谱与普通食谱的区别。普通食谱的主要内容包括加工餐饮产品的原料、辅料以及餐饮产品的制作过程两大部分；它的作用主要是作为厨师等餐饮产品加工生产者的生产工具书。标准食谱的主要内容除了普通食谱的部分内容之外，另有关于餐饮产品经济核算方面的内容。它的主要作用是餐饮管理人员用于餐饮成本核算与控制。

③标准食谱的表现形式。餐饮企业使用的标准食谱主要有三种表现形式。

标准菜谱：餐饮管理人员对菜肴生产、制作过程、成本核算等进行控制的工具。

标准面点谱：餐饮管理人员控制面点生产、成本核算的工具。

标准酒谱：餐饮管理者对鸡尾酒、混合酒等饮品实施生产控制、经济核算的工具。

标准食谱是上述三种表现形式的总称。

④标准食谱的结构及样本。标准食谱的结构由两部分组成：普通食谱的内容和有关某个产品的经济核算、成本数据等内容。

（四）酒店餐饮产品创新

1. 投其所好

根据餐饮企业目标顾客群体的喜好筛选适宜的产品构思和设计方案，而不必兼顾所有顾客。如年轻人喜欢新奇、方便、噱头、颜色鲜艳、造型独特的产品。在日本开的一家

"厕所"餐厅、在济南开的一家"火车"餐厅，它们就都满足了年轻人新奇、噱头的就餐欲望。

2. 供其所需

不论新老产品，有无创意，只要消费者有确切的一定规模的需要，就可以开发生产相应的产品。如仿古菜、民间菜、私房菜等。

3. 激其所欲

用奇特的构思或推出特色的餐饮项目，激发顾客的潜在需要。如酒店及时推出的每天特选菜、每日奉送菜、活动大抽奖以及烟雾菜、桑拿菜等，都会引起顾客的购买欲望。

4. 适其所向

预测分析顾客需求动向和偏好变化，适时调整产品结构与内容，开拓和引导市场。如根据市场需要最先推出美容食品、健脑食品、长寿食品、方便食品等。

5. 补其所缺

首先要了解市场的行情，分析现在的餐饮市场还缺什么，需要补充什么，不论产品价值大小，只要有一定的市场需求量，就是一种非常可行、有效的新产品开发思路。如市场缺少拉丁餐厅，可以开巴西烤肉，或酒店外卖、儿童节、情人节、重阳节食品。

6. 释其所疑

开发出的产品让消费者买得放心、吃得舒心、用得明白，减少顾客的疑问。如酒店餐厅为厨房生产原料和产品提供检测设备，并开发绿色生态食品生产产业链、无味精食品、人工大灶食品等。

三、酒店餐饮服务管理及创新

（一）餐饮服务概述

餐饮服务是餐饮产品的重要组成部分，它是餐饮部员工为就餐顾客提供菜点酒水面对面服务的全过程。它包括餐饮服务环境和对客服务两部分。因此，对餐饮服务进行管理主要包括餐饮服务环境的布置与安排、对客服务质量控制两部分。

（二）餐饮服务创新的途径

1. 服务姿态

服务人员的长相打扮、仪表仪容、精神面貌是在餐饮服务中首先映入客人眼帘的第一印象。形象悦人，印象深刻，一靠三分长相，二靠七分打扮，三靠言行举止。员工五官端正，身材高挑，仪表端庄，衣冠整洁，言行举止宛如“淑女、绅士”，符合国际礼仪。

2. 服务感觉

细心观察客人表情及示意动作，“想客人之所想，想客人之专想，想客人之未想”，脚快手勤，“时刻准备着”为客人提供主动的超前服务、超常服务与超值服务。不仅为客人提供功能服务，更要提供富有人情味的心理服务；不仅要为客人提供一视同仁的标准化服务，避免客人的不满意，更要提供让客人“满意加惊喜甚至是感动”的个性化服务，事事、时时、处处、人人使客人感到“和蔼可亲、您重要！”使客人在生理上产生安全感、舒适感和方便感，在心理上产生亲切感、自豪感和新鲜感。

3. 服务技艺

服务人员应熟悉本岗位的业务知识，掌握服务操作规程，善于把握顾客心理，熟悉各地各民族顾客的风俗习惯，具备较强的应变能力。如向客人详细介绍菜单知识；上菜、斟酒时注意选择时机及方法，尤其在客人致辞、相互敬酒时不宜上菜、分菜；分菜的动作要正确麻利，分配均匀；要善于察言观色，揣摩顾客的心理活动，及时为他们提供优质服务。

4. 服务方式

根据不同地区、不同客人的风俗习惯，不同的餐饮档次及服务对象采取不同的服务方式。如有些顾客斟酒水不需要服务员服务，而喜欢自己相互斟酒水，体现主人的热情友好；有的喜欢服务人员帮助他们斟酒水，显示出自己有身份、有档次；有的顾客要求上菜速度要快，最好把所有菜肴一次性全部上桌，显得丰富；有的顾客要求上菜速度要慢，吃完一个菜，再上一个菜，用餐时间要长一些；还有自助餐会、酒会、西餐宴会与中餐宴会的服务方式也不一样，所有这些都要求服务人员能最大限度地满足客人对餐饮的各种物质需求和精神需求。

5. 服务效率

工作效率高、服务速度快，表现在出菜的速度、斟倒酒水的及时程度、对客人需求的反应速度等。只有快速有效地为客人提供优质服务，不断地提高服务标准及工作效率，才能得到客人的认可。餐饮要求提供即时服务，如时间过长、热菜变凉、凉菜变温都会影响餐饮产品的消费感受。同样，无形服务产品也有使用的有效时间。客人希望在一定的时间段内得到应有的服务，要求缩短取得服务的时间，如寻找时间、等候时间、上菜时间、结账时间等。许多酒店规定的限时服务满足了客人的时间要求，如冷菜 3 分钟必须上桌，第一道热菜上桌不得超过 15 分钟，客人无特殊要求整个零点菜点 50 分钟内必须上齐。

第四章 酒店服务质量管理

第一节 酒店服务

酒店是为客人提供住宿、餐饮、康乐、购物、商务等一系列综合服务的企业。酒店提供的产品是有形产品与无形产品的结合，作为无形产品的服务，在酒店产品中占有重要的比重。“一切为客人着想”是酒店各项工作的出发点。牢固树立酒店服务的理念，加强酒店服务质量管理，是酒店管理的重要内容。

一、酒店服务的概念与特点

（一）酒店服务的概念

酒店服务是酒店向客人提供的各种劳务活动的总称。

从酒店的角度理解服务，酒店服务是酒店向客人提供的具有一定品质的无形产品。酒店服务以手工劳动为主，尽管服务有时需要借助一定的设备设施才能实现，但酒店服务水平的高低主要取决于员工的综合素质和服务能力。

从客人的角度理解服务，人们在酒店消费过程中，希望能够满足物质、精神和心理上的需要，而这些需要，只有通过酒店服务才能实现。在酒店服务中，客人有时可能没有得到物质性的结果，却得到了精神和心理上的享受。客人在酒店感受到的是一种来自酒店的综合体验。对于客人来讲，他们更关注酒店服务的过程，更注重在酒店的感受，而不仅仅是得到服务的结果。

从以上分析可以看出，酒店服务由提供服务的员工和接受服务的客人双方组成，是一个动态、复杂、综合的过程。服务的目的是实现酒店和客人的效益目标。随着我国社会主义市场经济的发展，酒店行业进入微利时代，酒店之间的竞争更加激烈，酒店服务成为酒店树立品牌、扩大销售、争夺市场、提高效益的重要手段，服务将在很大程度上决定着竞争的胜负。酒店服务包含有形服务和无形服务两方面。酒店的服务必须做到：无形服务的有形化；服务过程的程序化；服务行为的规范化；服务管理的制度化；服务结果的标准化。无形服务的载体是有形服务的各要素，无形服务的实现体现出有形服务的存在价值，有形服务则通过无形服务得以充分体现。

1. 有形服务对酒店的影响

在酒店营销管理中，要切实做好有形服务的管理工作，以便能有效地向客人传递产品信息，吸引目标客源。良好而完整的有形服务能够塑造酒店优秀的市场形象，给客人营造高享受的氛围，给客人以深刻的印象，使客人信任酒店，提高客人感觉中的服务质量，促使酒店提供更优质的服务，使客人满意。酒店的一切有形服务主要由服务要素体现，有形服务要素时时刻刻地在向客人展示着酒店的形象和档次，从而获得顾客的欢心，给予顾客惊喜。注重有形服务要素，对于以提供无形产品为主的酒店行业，特别是现在处于微利时代的酒店来讲，有着十分重要的意义。酒店的有形服务要素有以下体现。

（1）酒店的地理位置

酒店的最佳选址是在商业行政中心，或是交通方便的主要风景名胜区，这是因为来酒店的客人大多是为经商、公务或旅游，他们需要有一个方便的地理位置。

（2）建筑风格

酒店的建筑设计、外部造型、内部装饰和陈设一定要有特色，可以突出民族特色、地方特色或特别现代化的时代特色等。

（3）装饰布置

酒店注意装饰会使客人感到愉快和舒适，这是一家优秀酒店不可缺少的独特项目。如装饰典雅别致的大堂酒吧会促进客人的消费，又如大堂饼屋的蛋糕陈列，印制精美的酒店宣传资料等，都在时时刻刻地向客人传递着酒店的品质信息。

（4）服务环境

酒店服务环境是有形产品的派生物，是有形产品综合作用而形成的一种感受，如顾客和服务人员的数量、外表、行为等都决定着客人是否愿意在此逗留。

（5）餐饮出品

酒店餐饮出品是酒店标榜自我、区别于其他同行的关键，酒店提供美味佳肴是满足客人需求的重要方面，也是吸引客源、开拓市场的重要条件。一家优秀的酒店应拥有制作特色菜肴、面点以及懂得服务心理学的特级、一级厨师和点心师。白天鹅宾馆招待英国女王的菜式至今仍为人津津乐道，这是其他酒店难以媲美的。

（6）酒店员工

酒店训练有素的餐厅服务员，仪表端庄的接待人员，稳重而彬彬有礼的管理人员等都给客人营造了一种可信度，这也是酒店服务质量得以保证的“软件”因素。良好的酒店员工应具有优良的思想素质、业务素质和心理素质，还能把这些素质表现在日常的酒店工作中，可以具体化为丰富的酒店服务知识、随机应变的服务能力和热情周到的服务态度。

(7) 服务设备

酒店的接待用车、大堂的行李车、餐厅的桌椅等都为客人推测酒店的档次和质量提供了依据，这是酒店服务质量得以保证的“硬件”因素。白天鹅宾馆的奔驰接待车就是身份的象征。

(8) 店徽、商标

酒店店徽、商标能够将本酒店与竞争对手区别开来，使客人联想到其服务特色，刺激客人的购买欲望，提高酒店的营销效果。

可见，有形服务是促进酒店营销的原动力，只有拥有完整的、高档次的有形要素，酒店才能在众多的竞争对手中树立起酒店的独特形象，让顾客有消费的欲望与信心，酒店的效益才能够得到保障，酒店才能不停地发展。先进的有形服务还是酒店提供优质服务的基础，也给无形服务提供巨大的支持，是无形服务的原动力，同时也要努力使无形产品和服务有形化，使客人更有身临其境的感觉。

2. 无形服务对酒店的影响

无形服务在酒店提供的服务中占重要地位，提高无形服务质量，能有效提高顾客的满意度。特别是无形的那部分商品是酒店产品区别于其他行业的一个重要特征，使顾客从心理和情感层面上得到最大的满足，使之成为忠诚度极高的回头客。因此，酒店员工就要对酒店所提供的无形产品给予特别的重视，意识到自己的一言一行都是构成酒店产品价值、使酒店产品价值升值的重要因素。无形服务的一般内容包括服务态度、服务技能、服务效率、服务方式、服务细节等。

服务态度是指员工对客人的态度，一般包括服务语言、服务礼貌礼节等，要求员工对客人要热情、主动、耐心、周到、有爱心；服务技能是指员工的操作技能、处理特殊事件的技能、推销技能、沟通技能等；服务效率是酒店品质的综合反映，要求员工提供服务要殷勤敏捷，准确无误；服务方式体现着酒店的管理水平和对客人的沟通强度；服务细节是酒店员工爱心与服务技能的体现。

（二）酒店服务的特点

1. 综合性

酒店除了满足客人住宿、饮食等方面的基本需要外，还需满足客人在商务、购物、娱乐、健身、通信、交通、旅行等方面的需要。酒店服务的综合性，要求酒店要不断完善服务项目和服务设施，满足客人日益增长的需要。酒店服务的综合性，要求酒店内部各部门之间要加强沟通与合作，加强酒店与社会上相关行业和部门，如交通（航空、铁路、公路、航运）、金融、保险、通信、邮电、公安、卫生、医药、商业、餐饮、娱乐、旅行社等的密切联系，满足客人的各种需要。同时，还应从经济学、管理学、社会学、文化学、民俗学、宗教学、心理学、美学等不同学科的角度理解酒店产品的含义。

2. 无形性

酒店提供的是虽然没有一定形态，也不能触摸，但可以让人感觉和体验的“无形产品”。这种产品只有在员工与客人同时参与的服务过程中，通过客人的感觉、体验和评价而存在。酒店服务结束时，客人只能获得对酒店服务的享受和回味。因此，客人更关注消费过程中的综合感受，而不是得到什么样的结果，即得到一个什么样的酒店产品。再优秀的服务也将随着服务过程的终结而消失，只能给客人留下一个美好的回忆。

酒店服务的无形性，为客人购买酒店产品带来一定影响。因为酒店不能预先将产品全面展示给客人，客人也不能预先试用或感知酒店产品。要消除酒店服务无形性带来的负面影响，可以采取有形展示等渠道，将酒店产品的无形性变得可以让客人感知和触摸。

3. 生产与消费同步性

客人对酒店产品的需要，决定了酒店产品的生产。产品一旦生产出来，立即进入销售和消费环节，因酒店产品的生产、销售和消费是同时进行的。酒店服务的这一特殊性决定了酒店服务是在员工与客人之间面对面进行，客人直接参与了酒店产品生产的全过程。员工的一言一行、一举一动都让客人看在眼里，记在心上。这为酒店服务提出了更高的标准，即要求给客人提供的每一项服务都要尽可能的完善，尽可能不要给客人留下遗憾。因为酒店服务给客人造成的不满和遗憾具有不可弥补性。

4. 差异性

酒店服务的差异性由客人和员工双方共同决定。

首先，客人存在职业、职务、经济状况、学历、性格、爱好等方面的差异，对酒店产品有不同的要求，所以，酒店提供的服务也将随着接待客人、时间、地点和内容的变化而不同，导致酒店给客人提供的服务存在差异。客人需求的差异性和复杂性，为酒店服务带来一定的难度。

其次，由于酒店员工存在知识、素质、能力、技能、心理、性格等方面的差异，提供给客人的服务不可能完全相同。酒店不仅要求员工依据酒店服务标准和规范提供标准化、规范化的服务，还要依据客人的爱好、性格和特殊需求等提供因人而异的个性服务。酒店应高度重视客人对酒店产品的个性需要。酒店服务是规范服务和个性服务的有机结合。

5. 不可储存性

酒店服务的价值具有时间上的限制，具有就地消费的特点，酒店服务的不可储存性，使供需双方矛盾突出。酒店因为客流量和客人需求的随机性而导致生产的数量难以确定。况且，客人进入酒店后立即就要消费酒店产品，这就要求酒店要及时提供让客人满意的产品和服务，对酒店的服务效率提出更高的要求。酒店服务的即时性，决定客人不能跨越时空的界限消费酒店服务，为消费酒店产品带来了一些不可逾越的障碍。

二、酒店服务中应树立的基本观念

（一）顾客至上，服务第一

酒店服务中，首先应树立“顾客至上，服务第一”和“客人就是上帝”的观念。“顾客至上，服务第一”就是把客人放在酒店工作的首位，想客人之所想，急客人之所急。把最大限度满足客人合理、正当的需要作为各项工作的出发点。

世界著名的假日酒店以“从客人的实际需要出发，为他们提供周到的服务”作为酒店工作的座右铭。随着酒店市场竞争的日益加剧，客源争夺越来越激烈。为最大限度吸引客人并满足客人的需要，酒店的服务项目和服务范围不断增加和延伸，如一些酒店为满足商务客人的需要，增设了秘书、翻译、办公自动化、个人保险、贴身管家等服务。

一切为客人着想，不断满足客人的需要是酒店各项工作的基础，是酒店服务的宗旨。

（二）酒店服务无小事

酒店服务工作是由具体复杂的琐碎小事组成的，服务工作看起来微不足道，但是一件事情处理不好，就会影响客人对酒店服务工作的整体评价。细微之处出了问题，会导致酒店各项工作前功尽弃。通常情况下，大问题能引起酒店的高度重视，而细节之处却往往被忽视，造成“抓大放小”，导致客人对酒店服务不满意。

在激烈的市场竞争中，酒店要赢得客人，必须在细微之处下功夫。酒店要重视小事、关注细节，把小事做细、做透，因为细微之处见真情。细节显示差异，细节影响品质，细节体现酒店的品位。

（三）“100-1=0”

“100-1=0”是对酒店整体工作评价时常用的一个公式。该公式的含义是：尽管酒店服务绝大部分是合格、优秀的，只要有一个环节或一位员工存在让客人不满意的地方，就会影响客人对酒店整体工作的评价，甚至导致酒店工作前功尽弃。

酒店是一个有机整体，各项任务的完成，需要每个部门、班组、员工的通力合作才能实现。离开任何一个部门，酒店服务都不可能完善。这就要求每位员工在酒店工作中树立全局一盘棋的思想，顾大体、识大局，共同维护集体的荣誉。

“100-1=0”也反映出，客人眼里的酒店产品是一个整体产品。一位员工工作中出现问题，客人就认为是酒店服务中存在问题。员工不仅代表自己，还代表整个酒店。因此，在酒店工作中，要树立整体意识，不要因为一位员工在工作中存在问题而影响客人对酒店的整体评价，影响整个酒店的形象和声誉。

三、酒店服务的内容

酒店是一个向客人提供综合性服务的场所，其服务主要包括以下几方面。

（一）礼貌服务

酒店是服务性机构，礼貌服务是酒店服务最基本的内容，也是酒店服务最主要的特征。礼貌礼节是对进入酒店工作的每一位员工培训的首要内容。酒店服务中应体现出文明礼貌、热情周到、彬彬有礼。主动问候客人，向客人行适当的礼节。服务员通过良好的仪表仪容、规范的礼貌礼节和语言行为将友好和关爱传递给客人。

礼貌服务表现在员工的语言、行为、表情等方面。员工要主动问候客人，问候语要因人而异，灵活机动，不要只会死板生硬地说“你好”或“欢迎光临”，尽可能用姓氏、职务或头衔称呼客人。

服务贵在坚持，要使员工在一段时期内做到类似于“微笑、称姓”等细节服务并不难，困难在于让每一位员工、在每时每刻、对每一位客人都能做到这一点。如果哪家酒店能坚持做到这一点了，那么这家酒店一定是一家具有一流服务水平的酒店。

所以，细节服务的成功就在于“坚持”二字，要坚持做到：微笑多一点，嘴巴甜一点，做事勤一点，谈话轻一点，效率高一点，行动快一点，点子多一点，理由少一点，脾气小一点，肚量大一点，小事糊涂一点，人情味浓一点，遇到困难冷静点，商业秘密保守点，处理问题灵活点，待人接物热情点，了解问题彻底点，工作紧张用心点，工作方法慎重点，心胸大度宽容点，互相学习进步快一点，公私分明赏罚现实点。

（二）微笑服务

微笑是人类最美好的语言，是一种不分国界的语言，是一张向客人表达美好祝愿的明信片，也是酒店热情服务的一种体现。有了微笑，客人会感到友善、祥和、宽容、温暖，如沐浴春风；有了微笑，会缩短客人与酒店之间的距离和陌生感，使员工与客人之间的误会和不理解得以消除。没有幸福愉快的员工，就没有愉快满意的客人。酒店服务中要通过每一位员工发自内心、真诚、亲切、甜美、恰到好处的微笑去感染每一位客人，赢得每一位客人。有人说，微笑无须任何成本，却能创造出许多利润。

微笑服务要求员工在酒店服务中遇到客人要笑脸相迎，并保持自然、真诚、恰到好处的笑容。为此，酒店对员工要进行微笑方面的训练，开展微笑服务评比工作。如每月或每季开展“微笑小姐”“微笑大使”等评比活动，不断提高酒店服务的水平。

微笑给人以一种亲切、和蔼、热情的感觉，加上适当的敬语，会使客人感到亲切、安全，到酒店有宾至如归之感。微笑服务可以使酒店顾客的需求得到最大限度的满足。酒店除了满足顾客物质上的需求外，还应满足顾客精神、心理需求。实践证明，诚招天下客，客从笑中来；笑脸增友谊，微笑出效益。笑有多种多样，要笑得亲切、甜美、大方、得体，只有对酒店顾客尊敬和友善及对自己所从事工作的热爱，才会笑容满面地接待每一位顾客。微笑服务应作为一个规范，贯穿工作的全过程，并应对所有酒店顾客都一样。笑要自然，因为顾客是“上帝”；笑要甜美，因为客人是“财富”；笑要亲切，因为客人是嘉宾。因此，职业素质要求酒店工作人员能做到一到岗位，就把个人的一切烦恼、不安置于脑后，振作精神，微笑着为每一位顾客服务。

由于地理和人文环境的卓越优势，我国的旅游业已经跃居成为第三产业的龙头产业，展现出强劲的发展势头和发展前景。行业竞争日益激烈，各旅游企业要想在竞争中立于不败之地，为旅游者服务是根本指向，所以不论从硬件设施还是软件服务上，行业内的比拼和较量从未停止过，而做好微笑服务更是旅游企业的一个重要增值点。

以“微笑”为主题，并将之作为服务宗旨和企业文化，这样的国内外著名酒店不胜枚举。因为任何一家酒店的管理者都明白，微笑是不用翻译的世界语言，微笑传递着亲切、友好、愉快的信息。

有人可能会说，微笑不过是人的一种表情，强调“微笑服务”也不过是一种概念化、理念化的东西，又有何成本可言。然而笔者认为如果将“微笑服务”视为一项可以为企业利益增值的活动策划方案，那么对于“微笑服务”的贯彻实施将不再显得概念化，而是可以看得见和摸得着的行为，那么很显然，对于这种行为的实施是有成本可言的。

“微笑服务”所能带来的酒店效益得益于客人对酒店的满意度，这个服务的“收益”主要来自住店客人的再次入住消费和介绍其他客人的第一次入住消费。假设在酒店正常营业的某一天内，“微笑服务”活动得到了很好的实施。入住的所有客人由于得到了很好的服务并对此满意，其中有部分客人将再次入住消费或者介绍其他客人第一次入住消费。很显然，实施“微笑服务”活动，一天的收益是远远大于所要支出的成本。所以从功利主义哲学的角度而言，这是符合“幸福最大化”原则的。

一个成功的酒店管理者不会仅仅将“微笑对客”挂在嘴边，如何贯彻这项服务宗旨，取决于促成这项宗旨的各项措施，并使之上升为酒店的特色，甚至是企业的文化。微笑服务不仅仅是对客人微笑，要有源于内心的愉悦而产生的微笑；要排除客人的烦恼，将微笑传递给顾客；要有适时的微笑和准确的肢体语言；要与顾客进行感情沟通和准确的意思表达。

（三）称呼服务

称呼是人与人之间交往的通行证。称呼必须符合客人的年龄、性别、身份和职业等特征。称呼得当可以使对方感到亲切，获得心理上的满足，达到沟通顺畅、交往成功的目的。

主动热情地称呼客人是一种服务的艺术，也是一种艺术的服务。有些酒店规定，在为客人办理入住登记时，至少要称呼客人名字三次。

（四）热情服务

热情服务、真诚待客，是酒店服务的宗旨。没有热情就难以体现酒店服务的盛情。中华民族有着数千年的历史与文明，人与人之间特别强调亲情和友情。酒店服务中突出以情感人、以情动人。情感服务成为酒店服务的灵魂。

热情服务往往通过微笑、礼貌、主动等服务体现。酒店要求员工视客人如亲人、如朋友，以满腔热情去真心帮助客人。员工在热情服务中也要自然、大方，不卑不亢，不矫揉造作，不低三下四。

注意：(1) 热情服务时要避免“服务过剩”，注意把握好“度”。过分热情的服务，会让客人感到不自然、太拘谨，甚至引起客人的反感。(2) 把握好服务的时机。该出现的时候出现，不要让客人感到有“多余服务”的感觉。(3) 充分尊重客人的隐私权和生活方式，为客人“保留一定的自由空间”。

酒店服务应满足客人不同的需求，有针对性地提供无干扰服务，酒店标准化的规范是死的，而人的需要是活的。客人各种各样的需求中也包括“无需求”这种需求。充分了解客人的“无需求”，有针对性地提供无干扰服务，是酒店应对服务员培训的内容。酒店服务中要把握好服务的“度”，不要让客人感到服务的多余。要把握客人的需求，适时提供无干扰服务，如留心观察客人的体态表情。要留心观察客人的体态表情，热情过度的服务，会造成客人拘谨、压抑的感觉和无奈的表情。听话时要分析客人的言语，客人的言语能反映出客人的需求趋向，服务员应学会领会客人的意思，该出现的时候出现。否则，过度热情服务，会引起客人反感。要注意客人所处的场所。一般来讲，选择安静角落就餐的客人，希望服务员站得远一些，尽量少打扰他们。服务员一味按酒店操作规范提供服务，结果往往适得其反。

（五）标准服务

标准服务是酒店向客人提供的统一、可检验的重复服务，标准服务可以满足客人普遍、共性的需要。

标准服务是酒店服务的基础，是确保酒店服务质量的关键因素。酒店要不折不扣地执行服务规范和程序，提供规范服务。如客房服务中，进客房要先敲门并自报家门；做卫生要干湿抹布分开。餐厅服务中，进入餐厅的客人落座后，服务员先为客人送上小毛巾，让客人擦拭手和脸；服务员为客人斟酒时应站在客人右边，身子侧向客人，右手执酒瓶，并且商标对着客人；等等。遇到客人的刁难时，要遵照“客人总是对的”的原则，有礼有节地耐心解释，要注意听客人的问题，分析其刁难服务人员的原因，尽力帮助客人解决难题。若客人要求与酒店相悖，则需要解释；若是无理要求，则婉转地回绝。当服务中出现小差错时，要向客人表示歉意，并及时采取补救的办法。事后查找原因，如实向上级汇报，吸取教训。客人当面批评，应虚心听取，诚意接受，向客人表示歉意，马上加以纠正。客人书面批评，我们也应虚心接受，好的意见要采纳并纠正我们的缺点，若客人还未离店，应主动上门，征求意见，向客人道歉，表示感谢。遇到衣冠不整、欠礼貌的客人时，应以友好的态度对客人表示歉意后，以婉转的语言引导、提醒客人，使客人能遵守酒店的规则，切忌与客人争论，绝不能多人同时以生硬的态度指责客人。在服务中，不管在什么情况下都应该忘记自己的私事，把精神投入工作。要经常反问自己在服务中是否做到面带笑容和给人留下愉快的印象，只要每时每刻都记住“礼貌”两字，便能够在服务过程中自我约束，给客人提供良好优质的服务。伤残人士进酒店消费时，服务员要尽量提供方便，使他们得到所需要的服务，不要感到奇怪和投以奇异的眼光。如果他们需要帮助，就要灵活适当地帮助他们，使他们感到你的帮助是服务而不是同情。因此，我们一定要留意伤残人士所需要的服务。客人投诉服务员态度欠佳时，要遵照顾客至上的宗旨，无论情况怎样，均要向客人道歉，向客人表示我们改正的决心。发现客人损坏酒店物品时，服务员应马上上前清理碎片，询问客人有无碰伤，若有碰伤应马上采取措施，并在客人用膳完毕婉言向客人收取赔偿费。在电话中，客人有事需要服务员帮忙转达时，要集中精神耐心听清楚，并认真做好记录。待听完后，向对方复述一遍以防错漏，并要记上接听电话的时间，客人或上司回来后马上转告。遇上客人有伤心的或不幸的事，心情不好时，要细心观察和掌握客人的心理动态，做好服务工作；要尽量满足客人的要求，客人有需求时要尽快帮助办妥；态度要和蔼，服务要耐心，语言要精练；要使用敬语安慰客人，但不要喋喋不休，以免干扰客人。对客人的不幸或伤心事，要抱同情的态度，不能聚在一起讨论、讥笑、指点客人或大声谈笑等。若需要整个酒店的集体帮助，要及时向上司反映，有必要时采取适当的措施，确保客人安全。

我国酒店业中普遍存在服务不规范、不标准的问题，员工在服务过程中主观、随意的现象时有发生，让客人感到服务的差别较大，有时客人应享受到的服务大打折扣，客人对酒店服务质量存在意见。

酒店实行标准服务是对员工工作行为的制约和规范，但并不是要求员工只能循规蹈矩。酒店服务中，要注意调动员工工作的积极性和创造性，激励员工在标准服务的基础上创新地开展工作。

酒店要严格查房制度，有破损的要报维修，不能将就，以免冤枉客人，给客人造成不良感觉。同时酒店也要注意维护每一个客人的权益。前厅服务员要注意处理问题的技巧和艺术性。既要维护酒店的制度，又要注意给客人留面子，不能得理不饶人。适当的变通方式，既维护了酒店利益，又让客人能够接受。

（六）个性服务

个性服务是酒店因人而异提供的周密、细致的优质服务。如客人人格被尊重，个人癖好被满足，特殊疑难问题被解决等。个性服务的特别之处在于，为客人服务时不仅想客人之所想，而且想客人之未想；不仅让客人满意，而且让客人惊喜。这是个性服务追求的境界。

1. 酒店如何实现个性服务

（1）超前了解客人的生活习惯、爱好和特点

只有超前了解客人的生活习惯、爱好和特点，酒店服务才能提供有针对性、主动、灵活、具体、细致和超出常规的服务。规范服务满足了客人普遍的、共性的需要，而客人个别、偶然、特殊的需要只有通过个性服务才能满足。

（2）建立一套扎实的规范服务的标准

个性服务是建立在规范服务基础之上的更为出色、周到的服务。只有建立一套行之有

效的规范服务的标准，才能确保个性服务的实现。

(3) 加强对员工的培训

个性服务的实现有赖于高素质的员工，有赖于员工强烈的敬业精神、丰富的专业知识、娴熟的服务技能、灵活的应变能力和深厚的文化底蕴。只有不断加强对员工进行思想道德、服务意识和业务知识的培训，才能更好地为客人提供个性服务。

2. 标准服务与个性服务的关系

标准服务与个性服务是酒店服务的两个方面，具有辩证统一的关系。标准服务是基础和前提，个性服务是酒店服务的提升和追求的更高境界。标准服务强调服务要遵守规范和程序，个性服务强调服务的灵活性和针对性。

标准服务和个性服务对不同层次的酒店其要求也是不一样的。一般来说，低星级酒店注重标准服务，打好基础，然后在这个基础上提供个性服务；高星级酒店则更强调个性服务，努力做到优质、高效，提高酒店的服务质量，增强酒店产品的竞争力。酒店一方面严格要求服务人员执行服务标准，培养自觉遵守服务规范的职业习惯；另一方面又鼓励、引导员工灵活运用规范与标准，使日常操作升华为个性服务。忠于规范，又高于规范，标准服务与个性服务一起构成酒店的优质服务。

（七）主动服务

主动服务是酒店传统的被动服务观念的转变。想客人之所想，想客人之未想，是酒店主动服务追逐的目标。如何变客人潜在需求为现实需要，主动服务起着至关重要的作用。

（八）细微服务

常言说，细微之处显真情。细微服务是员工与客人之间心灵的沟通。只有员工用心去观察、去服务，才能够发现客人点滴之处的需要，为客人提供至真至美的服务。细微服务要求员工学会察言观色，及时洞察客人的要求，及时为客人提供耐心、主动的服务。优秀的酒店往往把他人忘却、忽略了的细枝末节作为提升酒店服务水平的突破口。细节是酒店服务的魅力所在。细节出口碑，细节出真情，细节出效益，细节是酒店制胜的法宝。正是细微服务，做到了客人心坎上，让客人感动，让客人对酒店认可。此外，酒店不仅要加强对员工洞察力的培养，还需要制定行之有效的管理措施，确保细微服务的实现。

（九）耐心服务

酒店员工的工作内容单一、枯燥，劳动时间长，劳动强度大，工作非常辛苦。并且，服务员面对的客人复杂、多变，有时还会遇到苛刻、挑剔，甚至是无理取闹的客人。因此，酒店要教育和培养员工认真对待每一位客人，对待每一件事情，努力做到百问不厌，持之以恒。保持一颗平常心，耐心细致地做好酒店工作。

例如：遇到客人醉酒，服务员怎么办？

（1）在餐厅、酒吧、歌舞厅遇到醉酒客人，服务员应请其朋友帮忙将其带离营业场所，以免影响酒店正常营业，并停止对其供应酒水。若是独自一人，也应停止向其提供酒水，将其搀扶到休息处。

（2）酗酒后的客人回到居住的房间，服务员应将卫生纸、纸杯放在床头柜上，在床边放好垃圾桶，并注意观察客人的情况，及时采取措施。

（3）对于酗酒后破坏酒店设备、物品的客人，酒店保安要出面制止，服务员应对损失情况予以登记，以便赔偿。

（十）超前服务

服务员要善于想客人之所想，想客人之未想。在客人提出问题的前三秒钟想到并且做到。超前服务要以充分了解客人爱好、性格、需要为前提。超前服务能给客人带来惊喜，甚至终生难忘的记忆。

酒店要加强对员工职业能力的培养。为客人提供优质服务，酒店要培养员工的观察力、记忆力、思维能力、应变能力，而这些能力发挥的前提条件是员工的工作态度。工作态度由职业意识、职业习惯和职业心态构成。在为客人提供服务之前，要超前了解客人的需要。

（十一）超常服务

超常服务是用超出常规的方式满足客人个别的、偶然的、特殊的需要。超常服务最容易打动客人的心，最容易给客人留下美好的印象，最容易招徕回头客。例如，有一家酒店在接待客人时，发现客人说话很不流利，一问才知道客人正患口腔溃疡。客人外出回到酒店后发现，有治疗口腔溃疡的药放在床头。第二天，服务员还为客人送来了柚子汁和小黄瓜，因为客人不便说话于是留了便条，说是希望对康复有帮助，很贴心！以后这位客人每次到这个城市就要住进这家酒店，并且给酒店介绍了许多客人。

（十二）快捷服务

酒店服务讲求时效性，迅速、准确地为客人提供服务，既可以提高工作效率，又可以避免客人长时间的等待。服务效率问题，已成为客人投诉的焦点问题之一。对每个人来讲，时间都很宝贵，长时间的等待会让客人心急。因此，酒店服务追求快捷、高效的目标。酒店员工要牢记“一切为客人服务”的理念，把客人的需要放在工作的首位，不拖拉、不推诿，努力在最短的时间内解决客人的问题，或给客人以满意的答复。一些酒店提出“服务一次到位”，就是为了提高服务效率；还有些酒店实行“首问负责制”，就是将客人提出的问题在最短的时间内尽快予以解决。世界著名的希尔顿酒店就是通过“快捷”来实现服务的效率，注重对客人要求的快速反应，以此突出酒店的特色。

（十三）适度服务

适度服务是在最恰当的时间、最适宜的场合，提供给客人恰到好处的服务。强调在服务中把握好“火候”与“度”。当客人需要服务时，服务员立即为客人提供周到的服务；当客人暂不需要服务时，服务员应该回避，避免过度服务情况的发生。

过度服务是指由于酒店员工未能充分了解客人的需求，提供不为客人接受、认可并且干扰客人在酒店正常消费的服务项目、内容和方式。过度服务看上去是对客人需求的关注，事实上可能影响客人在酒店的正常生活和消费，让客人感到服务的多余，生活的不自在和拘谨。

酒店关怀客人，要以客人自由为前提。过度服务不仅给客人带来额外的负担，还会浪费酒店的资源，增加成本的支出。酒店服务是一门艺术，客人需要张弛有度、恰到好处的服务。服务太过了或不到位，都不能得到客人的认可。酒店员工要善于把握服务的“火候”与“度”，随时洞察客人的需求，并准确捕捉到有用的信息来满足客人的需求，这样才能提高客人的满意度，甚至超出客人的期望值。

（十四）金钥匙服务

1. 金钥匙服务的概念

金钥匙是指由为服务行业献身的酒店委托代办金钥匙成员们组成的国际专业组织。金钥匙是国际酒店业中一个知名的服务品牌。体现在三个方面。

（1）金钥匙柜台即酒店前台的礼宾部

源于法语，原意是指古时宫廷或酒店的守门人，负责迎来送往并掌握客房钥匙，后来是指法国酒店的委托代办。

（2）金钥匙服务即酒店礼宾部所提供的委托代办服务

金钥匙服务几乎无所不包，只要不违反道德和法律，客人的任何要求金钥匙服务都尽力满足。金钥匙服务已成为世界各国高星级酒店服务水准的形象代表，成为高档酒店个性化服务的重要标志，被称为“现代酒店之魂”。

（3）金钥匙会员是指被国际金钥匙组织正式接纳为成员的优秀酒店礼宾部负责人（礼宾司）

“国际金钥匙协会”会员身穿燕尾服，领子上别着十字形金钥匙。这些交叉着的金钥匙不只是一个识别标志，更是信誉的保证和优质服务的标志。

2. 金钥匙服务的特点

（1）专业化

金钥匙成员是具有强烈的服务意识、丰富的专业知识和高超服务技巧的专业服务人员，提供从客人下榻酒店开始，围绕客人住店期间的需要开展的一条龙服务。金钥匙服务让客人自始至终都感受到一种无微不至的关怀与宾至如归的感觉，是在酒店具有高水平的设施、设备以及完善的操作流程基础上，更高层次酒店经营管理艺术的体现。对高星级酒店而言，酒店金钥匙是管理水平和服务水平成熟的标志。

（2）个性化

金钥匙根据客人的特点和要求提供有针对性的个性化服务。酒店金钥匙对中外客人来说是酒店服务的总代理，一个旅途中可以信赖的人，一个充满友谊的忠实朋友，一个解决麻烦问题的人，一个提供个性化服务的专家。

（3）网络化

网络化是金钥匙通过建立城市中的服务关系网以及会员之间的服务协作，为客人提供跨行业、跨地域的服务。以友谊和诚信为纽带而形成的服务网络，使酒店服务打破了同行之间合作的障碍，使服务从酒店内部延伸到了酒店外部，延伸到了世界不同国家和地区。

（4）国际化

随着金钥匙服务网络化的不断发展，其国际化的发展趋势也日益明显。金钥匙服务已打破了国家和地区的限制，客人不论在哪里提出服务的要求，金钥匙成员都将通过国际酒店金钥匙组织使其愿望得以实现。

3. 金钥匙的服务理念

要在不违反法律的前提下，使客人获得满意加惊喜的服务。国际金钥匙组织要求“忠诚”，即对客人忠诚，对企业忠诚，对社会、法律忠诚。要求金钥匙服务中坚持“顾客至上，服务第一”的原则，通过高超的服务技巧和广泛的联系网络，急客人之所急，解客人之所难，犹如一把万能的金钥匙一样为客人解决一切难题。

4. 金钥匙的价值观

先利人后利己，在客人的惊喜中找到富有的人生。

5. 金钥匙的工作准则

只要符合法律和道德约束，永不言“不”；中国酒店金钥匙组织的座右铭是“友善待客之道为服务之本”；工作口号是“友谊、协作、服务”；使命是“为全世界旅行者提供高效、准确、周到、完美的服务，倾尽全力将卓越的服务体现在我们所做的每一项工作中，为客人解决难题，带来惊喜”。

四、酒店服务的艺术

酒店服务不仅是一门科学，还是一门艺术。员工在与客人打交道的过程中，不仅要了解客人心理，还要处理好对客服务的技巧。

（一）角色艺术

1. “角色”一词

“角色”一词在中文中是指生活中某种类型的人物，在英文中有“任务、作用”的解释。综合上述两种含义，角色就是某人在某一位置上发挥某种作用和去完成某种任务的意识。角色在社会生活中具有多重性。在人生的大舞台上，每个人扮演着不同的角色。对于酒店员工来说，在家里可能既是女儿又是母亲，在社会交往中既有朋友又有同学，到了商场变成了顾客，而在酒店工作岗位中则成为一名服务员。这就要求每个人要有角色感，不论你是何人，也不管你有什么个性，只要在酒店这个特定环境中，就要处理好自己的角色。

2. 角色转换

不论酒店员工在社会生活中有多少个角色，一旦进入酒店，就要做好角色转换。在社会生活的其他领域，也许是别人服务于你，而在酒店，你要服务于他人，实现这种角色转换，并不是一件容易的事情，因为现在酒店员工以年轻人居多，不少员工在家是独生子女，生活方面基本上依靠父母，很少为他人服务，性格上也表现出自信、任性、固执、骄傲的一面，缺少为他人服务的意识。这为酒店管理带来一定难度。酒店要重视加强对员工服务意识和角色意识的培养和教育。让员工充分认识到，豪华、舒适的酒店是为客人提供的，不是供员工享受的。角色不清，把自己的位置摆错了，为客人提供优质服务的目标就难以实现。

酒店管理人员在帮助员工树立好服务角色的同时，也要认识到酒店小环境与社会大环境之间的差异。员工在遇到各种不利于服务角色发挥的困难和矛盾时，管理人员要主动关心员工、爱护员工。为了酒店的利益和客人的利益，酒店要求员工在对客服务中做到骂不还口、打不还手，为此，员工可能会受到一些委屈。事后，酒店管理人员要对员工进行精神上和心理上的安慰。对员工予以理解和支持，帮助他们树立工作的信心。

3. 服务角色

酒店员工要树立一切为客人着想，全心全意为客人服务的思想。树立角色意识，正确认识服务角色。始终把客人放在工作的中心位置，处理好对客关系。要求员工不要以自己的情绪去控制、指挥他人。不能让客人围着自己转，看自己的脸色行事。

4.“非个性”的角色

对酒店工作而言，不管你是何人，也不管你有什么个性，只要你处于酒店员工这种角色，你就要按照社会对酒店服务人员的角色要求去行动。生活中的员工可能较内向，不善于言谈，但是见到客人就要主动问候客人，积极与客人沟通，甚至在短暂的时间内与客人“一见如故”。

角色是“非个性”的，而扮演角色的每个人却是有个性的。有个性的人扮演“非个性”的角色，“非个性”的角色由有个性的人来扮演，这就造成了人与角色之间的矛盾。一种情况是一些员工个性上的弱点使他们扮演不好自己所承担的角色；另一种情况是一些员工认为他们所承担的角色束缚了自己的个性，很难胜任自己的角色。

酒店服务角色的“非个性”，要求每个员工在酒店服务中不要以自己的喜、怒、哀、乐影响别人，不要将个人的喜好强加于别人。酒店服务的客人有个人爱好、性格和特长。如何针对有不同个性特征的客人提供个性服务，在酒店服务工作中应引起高度的重视。

（二）沟通艺术

1. 沟通在酒店工作中具有重要的意义

社会生活中有人的地方都需要沟通，酒店是服务行业，与建筑、消防、食品、卫生、商业、餐饮、娱乐、运输、金融、保险、工商、税务等相关行业有密切的往来，酒店应加强与这些行业的沟通。酒店内部部门与部门之间、上下级之间、员工与客人之间每天也需要及时地沟通和交流。

酒店要提高服务质量，赢得客人满意，沟通是一种重要方式。沟通是相互的，是员工与客人、员工与员工之间的相互理解、相互支持、相互协调、相互帮助。理解是沟通的前提，员工要理解出门在外客人的心理和想法，客人也要理解员工工作的艰辛与不易。

2. 沟通的主要形式

沟通主要通过思想、心灵、语言、行为等形式实现。

(1) 思想沟通

思想沟通是最高境界的沟通，是酒店各项工作的基础。酒店工作中的思想沟通体现在：员工要想客人之所想、想客人之未想，视客人为亲人、为朋友，多站在客人的角度考虑问题等方面。酒店要求员工在短时间内与陌生人主动进行思想沟通，从员工角度考虑确实有难度，为此，酒店要加强对员工人际关系、交往能力等方面的培养，尽快缩短员工与客人之间的思想距离。

(2) 心灵沟通

酒店服务是员工与客人之间心灵的交流，是心贴心的服务。将心比心，是沟通最重要的手段和技巧。员工一个眼神，一个手势，一声祝福，一个笑容都能达到超乎语言的境界。

(3) 语言沟通

语言是实现人与人之间沟通的重要形式。美好的语言，可以表达彼此美好的祝愿、衷心的祝福。酒店服务中，员工要善于使用语言与客人进行交流，用真挚、美好的语言与客人进行面对面的思想和情感交流。“您好”“谢谢”“感谢您的支持”等礼貌用语不仅表现了酒店对客人的尊重、感激，还缩短了酒店与客人之间的距离，使客人有“家”的温馨和温暖。加强员工语言表达能力的培养，是酒店的一项重要工作。

(4) 行为沟通

行为是人们日常生活交往的一种方式。员工的一举一动不仅代表酒店为客人提供服务，还是实现与客人沟通不可缺少的方式。员工在工作中要严格执行酒店员工的行为规范，努力做到行为与语言的统一。

(三) 换位艺术

酒店服务中存在着提供服务的员工和接受服务的客人，员工与客人扮演着不同的角色。不同的角色决定了他们处于不同的位置，有不同的权利和义务。员工代表酒店为客人提供服务，满足客人的需要。也就是说，在客人面前，员工不仅代表他本人，而且代表酒店。员工不仅是酒店利益的忠实维护者，还是客人利益的代表者。员工在酒店服务中不仅要为酒店考虑，而且要替客人着想，这为酒店服务工作提出了更高的标准和要求。基于双方所处的位置不同，角色不同，酒店要求员工在工作中应多站在客人的角度考虑问题。一些酒店开展“假如我是一名客人”的活动，让员工多进行换位思考，设身处地为客人着想。换位思考是酒店服务工作的一种艺术，是将心比心。员工和客人只有多站在对方角度考虑问题，才能设身处地为他人着想，充分理解和支持对方。

（四）语言艺术

语言是人们用来表达意愿、交流思想感情的工具。酒店服务过程中语言的恰当运用，对加强员工与客人之间的思想和情感交流，协调酒店与客人之间的关系，起着极为重要的促进作用。酒店服务语言不仅讲究准确、完整、规范等科学性，还要强调谈吐高雅、语调亲切、音量适中、嗓音甜美、语言流畅等艺术性以及风趣、幽默、得当、委婉等技巧性。

1. 语言表达要亲切文雅

亲切文雅是一种行为方式，以人的知识、教养和内涵为背景，是真、善、美的统一。亲切文雅的语言，隐含着一个人温和、善良的品质和恭敬他人的态度。亲切文雅的语言不能简单等同于礼貌用语，它的内容更丰富，是酒店员工语言表达必须达到的基本要求。为此，酒店制定了一系列服务规范用语。

酒店客房、餐厅、走道、卫生间等地方有时会有一些提醒客人的告示性语言，也要注意用语的温情与温馨。避免使用“严禁”“不要”等生硬的措辞。

2. 讲究表达的语言艺术

（1）语言表达要得当

服务人员要注意说话的场合，考虑客人的民族、民俗、禁忌、爱好等，恰如其分地使用好语言。

（2）讲话注意委婉、灵活

根据不同的地点、场合和具体情况，灵活、自如地使用语言。

（3）适当使用幽默、风趣的语言达到引人入胜的境界

如果说委婉、灵活的语言是人们交谈中的“软化剂”，幽默、风趣的语言则是谈话中的“润滑剂”，可以使一时紧张的气氛变得轻松，比直截了当的话更易让人接受。

3. 注意语言技巧

酒店服务过程中不同语言技巧性的应用，将使酒店服务得出不同的结果。

第二节 酒店服务质量管理

服务质量是酒店的中心工作，是酒店的生命线，是酒店生存和可持续发展的基础，是酒店在激烈的市场竞争中获胜的法宝。所以，对于酒店来说，没有比服务质量更重要的。随着酒店业竞争的日趋激烈，客人对酒店服务质量的要求不断提高。酒店必须强化服务质量意识，不断探索提高服务质量的途径和方法，以满足日益增长的客人需要，实现酒店的经济效益、社会效益和环境效益目标。

一、酒店服务质量的概念

酒店服务质量是指酒店提供的服务在价值和使用价值上适合和满足客人在物质、精神和心理上需要的程度。适合是指酒店为客人提供的价值和使用价值能否为客人接受和满意；满足是指价值和使用价值能否为客人带来身心的愉悦和享受。酒店提供的服务的价值和使用价值适合和满足客人需要程度的高低，反映了酒店服务质量的优劣。适合和满足客人程度越高，服务质量就越好；反之，服务质量就越差。酒店服务质量有广义和狭义之分。广义上的服务质量包括酒店设备设施、实物产品和劳务服务三要素；狭义上的服务质量是指酒店单纯由服务员提供的服务劳动。这里主要研究广义上的服务质量。

二、酒店服务质量的组成

酒店服务是有形产品和无形劳务的有机结合；酒店服务质量是有形产品的质量和无形劳务质量的统一。有形产品的质量是无形劳务质量的凭借和依托，无形劳务质量是有形产品质量的延伸和完善。二者相辅相成构成完整酒店服务质量的内容。

酒店服务质量由酒店设备设施质量、实物产品质量、劳务质量、环境质量和安全状况五个方面组成。

（一）设备设施质量

设备设施是酒店赖以存在的基础，是酒店服务的依托。包括供客人使用的设备设施和酒店生产经营使用的设备设施两大类。

1. 供客人使用的设备设施

包括前厅、客房、餐厅、会议和康乐等部门提供的供客人使用的设备设施。为保证酒店服务质量，让客人用得舒适、放心和满意，酒店提供给客人的设备设施应做到：

（1）设置科学、结构合理。

（2）配套齐全、舒适美观。

（3）完好无损、性能良好。

（4）操作方便、使用安全。

2. 酒店还要具有经营使用的其他设备设施

为保证酒店经营业务活动的正常开展，酒店锅炉、制冷、供暖、厨房等设备应做到保证供应、安全运行。酒店设备设施往往成为客人投诉的主要内容，所以，酒店要在设备设施的投入、管理上下功夫，为酒店服务创造良好的基础条件。

（二）实物产品质量

酒店实物产品的质量包括菜点、酒水质量。菜点、酒水是酒店的实物产品，满足了客人物质消费的需要，其质量的高低，影响客人对酒店产品的满意程度。酒店要在菜点和酒水的选料、加工工艺、口味、卫生等方面严格把关，确保提供给客人色、香、味、形、器俱佳的菜品。另外，酒店必须高度重视客用品质量，客用品是供客人消费的各种客房生活用品，既包括可以反复使用的低值易耗品，如枕头、棉被、茶具等，也包括牙膏、牙刷、香皂、拖鞋等一次性消耗品。酒店客用品的质量必须与酒店档次相适应。酒店要对实物产品的质量严格把关。因为实物产品的质量，直接影响客人对酒店的印象，影响酒店的服务质量。

（三）劳务质量

1. 服务态度

服务态度是服务工作的基础，与服务质量有着极为密切的联系。酒店服务是客主双方共同参与的过程，酒店员工的服务态度可以让客人直接观察和感受到，成为客人评价酒店服务质量的首要指标。因此，酒店要加强对员工职业道德、良好修养、综合素质的培养和工作积极性、主动性和创造性的培养，让员工自觉为客人提供热情、主动、耐心、细致、周到的服务。

2. 礼貌礼节

礼貌礼节反映了酒店和员工良好的精神状态和文明礼貌的程度。由于酒店服务提供给客人的是面对面的服务，所以，礼貌礼节直接影响酒店的服务质量。

酒店礼貌礼节要求员工在工作中遇到客人要主动问候；开展微笑服务；员工要有良好的坐、立、行姿态，语言文雅动听，动作优雅，举止大方；待客谦恭有礼；员工衣貌整齐。

3. 服务项目

为满足客人需求上的差异性，酒店应设置客房、餐饮、康乐、商务、会议、交通等服务项目，让客人不出酒店，所有合理的需要都能满足，为客人在酒店的生活带来方便。

4. 服务技能

服务技能是酒店服务员在灵活、恰当地运用操作方法和作业技能时所表现出来的技巧和能力。酒店业是服务性行业，对员工的服务技巧和能力有较高的要求。酒店提供的服务是面对面的服务，不能存在让客人不满意的地方，不能存在任何缺憾，因为酒店服务具有不可补救性。因此，酒店要加强对员工业务知识和操作技术的培养。只有娴熟的服务技能，才能保证提供优质的产品，才能给客人以美的感受，确保酒店的服务质量。

5. 服务效率

服务效率是指员工在服务过程中对工作时间和工作节奏的把握。在时间就是金钱，时间就是效益的今天，服务效率成为客人投诉酒店服务质量的主要因素之一。这就要求酒店员工要在尽可能短的时间内提供给客人最需要的服务，提供既好又快的服务。酒店服务效率有三种表示方法。

（1）工时定额

如规定清扫一间客房用 30 分钟的时间。

（2）服务时限

如总台为散客办理入住手续的时间不超过 3 分钟；服务员应在电话铃响三声之内把电话接起。

（3）时间概念

有些服务效率，不宜将其量化，只能尽量缩短让客人等待的时间。如客人让酒店代其购买机票，酒店应尽力与航空公司联系，让客人的要求尽快实现。

（四）环境质量

1. 环境氛围

酒店环境质量是指酒店的环境气氛能给客人带来美的感受和心理上的满足。主要包括具有一定特色、符合酒店等级的建筑、装修、装饰、色彩、温度、绿化、美化、环境卫生和员工服饰等。高雅、舒适、清洁、温馨的环境能给客人以精神上的享受。因此，酒店应从环境设计开始，努力营造一个让客人满意、舒心的生活空间。酒店环境设计不仅要科学、实用、美观、安全，有特色，而且能让客人体验到视觉和心理上的美好感受，有鲜明的文化品位，给客人留下美好而深刻的印象。

2. 清洁卫生

酒店是公共场所，清洁卫生直接影响客人的身体健康，必须重点加强管理。酒店清洁卫生包括食品饮料卫生、日常用品卫生、员工个人清洁卫生、酒店各区域卫生（尤其是公共卫生间的卫生等）。酒店应严格制定并认真落实清洁卫生制度，注意清理卫生死角，给客人创造一个安全、清洁、舒适、放心的生活环境。

（五）安全状况

安全是人们出门在外关心的首要问题，是酒店各项工作的前提和基础。酒店是客人进行政治、文化、商务、社交等活动的场所，具有建筑楼层高、人员分布集中、电气设备多、可燃材料多等特点，一旦发生安全事故，经济损失大，人员伤亡大，救援难度大，社会影响大。因此，安全工作在酒店工作中占据着极为重要的地位。酒店要加强安全管理，确保客人与员工的人身和财产安全。

三、酒店服务质量的评价

（一）酒店服务质量评价的主体

客人是酒店服务质量评价的最重要的主体。重视客人对酒店产品的意见，对提高酒店服务质量具有非常重要的意义。

（二）酒店服务质量评价的特点

分析客人评价酒店质量的特点，有助于了解客人的需求心理。

1. 差异性

首先，由于客人存在职业、职务、性格、爱好等方面的差异，所以，不同客人对服务质量的评价不可能完全相同。其次，即使同一位客人，在不同时间和场合下，对服务质量的评价也不可能完全一致。

2. 主观性

客人对服务质量的评价受其消费心理、消费行为的影响，有很强的主观性。不少客人以自己的喜好来评价服务质量。如热情服务可能让个别客人感到服务有点过分，甚至觉得打乱了自己的生活习惯；一份按标准菜谱生产的菜肴，对个别口味清淡的客人来说，可能会感到口味偏咸。

3. 非全面性

一般情况下，客人都能克服认识上的差异，对服务质量做出较全面的评价。但是遇到喜欢挑剔的客人，会对服务质量做出非全面的评价。如有些客人会因为个别服务环节让其不满，而做出酒店服务质量存在问题的简单论断。

四、酒店服务质量管理的内容

服务质量是酒店的生命线。提高酒店服务质量，必须加强服务质量的管理。加强服务质量的管理，应从制定酒店服务规程入手，建立酒店服务质量管理体系，采取有效的管理方法，使酒店服务质量管理落在实处。

（一）制定酒店服务规程

酒店服务规程是根据酒店等级制定出的适合本酒店实际情况的管理制度和作业标准，是酒店进行质量管理的依据和基础。酒店通常通过服务标准和规程的制定和实施，以及各种管理原则和方法的运用，达到服务质量标准化、服务形式规范化、服务过程程序化，最终以优质服务赢得客人的满意。

1. 酒店服务规程的含义

酒店服务规程是指以描述性的语言对酒店某一特定的服务过程所包含的作业内容和顺序，以及该服务过程应达到的某种规格和标准的详细而具体的规定。即某一特定服务过程的规范化程序和标准。

酒店服务规程包括以下四个要点。

（1）服务规程的对象和范围

服务规程是以酒店某一特定的服务过程、服务内容为对象，只要酒店有一个服务过程，就有一个与之相适应的服务规程。通常把某一特定的服务内容从开始到结束称为一个服务过程。

（2）服务规程的内容和程序

服务规程规定了每个服务过程应包括的内容和作业程序。服务内容包括其业务内容的本身，如总台入住登记的基本内容有接受订房、登记、排房、收取押金等。服务规程具体规定了内容细节，如动作、语言、姿态、手续、信息传递、用品、权限、时限、例外处理等。服务程序是指服务的前后的顺序。服务程序的规定既要符合服务过程的规律，同时又要考虑减轻员工的劳动强度，减少物资消耗。

（3）服务规格和标准

不同星级、不同档次的酒店具有不同的规格，不管哪一种规格的服务都有标准。服务规程规定了服务的规格和标准，并按照服务质量的构成内容确定具体标准。

（4）服务规程的衔接和系统性

每套服务规程的首尾都要有与其他规程互相衔接、互相连贯的内容。如前台部门报维修的规程与工程部的维修规程衔接，客人离店客房查房的规程与总台收银结账规程衔接，餐厅服务台与传菜规程衔接。

规程间的相互衔接和连贯，形成了服务的系统性。

酒店服务规程让每位员工明确了其服务工作目标，也使酒店管理者有了检查和监控服务质量的依据，从而使酒店服务工作达到规范化、程序化和标准化的要求。

2. *酒店服务规程的制定*

（1）酒店服务规程制定的依据

制定酒店服务规程必须考虑以下因素：①酒店星级评定标准是各星级酒店制定酒店服务规程的基础，它提出了酒店服务的基本原则和基本要求，规定了星级酒店服务质量的保证体系，即具备适应本酒店运行的、有效的整套管理制度和作业标准。②客源市场需求。酒店服务规程的制定以客人需求为依据，适应本酒店特定客源市场的要求。因此，酒店在制定规程前，必须对市场需求进行详细调查和分析，寻找客人需要的服务和对服务的要求，使所制定的酒店服务规程真正成为酒店服务质量的保证。③本酒店的特点。制定服务规程，还要结合本酒店的特点，如客源特点、酒店组织的特点、业务特点、员工队伍特点以及周围环境的特点等，扬长避短，突出本酒店的特色。④国内外酒店管理的最新信息。酒店应了解国内外酒店管理的最新信息，制定酒店服务规程，使规程更符合客人的需求。⑤动作及作业。研究酒店在对每个作业过程进行过程分析和动作分析的基础上制定规程，使其更具有科学性和可行性。

（2）酒店服务规程的制定

酒店服务规程的制定包括：①提出目标和要求。由酒店决策人员根据酒店等级进行深入的分析研究后，提出本酒店服务规程应达到的目标和具体要求，并将其布置落实到酒店的每个相关部门。②编制服务规程草案。各部门管理者召集下属主管、领班和资深服务员，讨论确定本部门所有服务内容和服务过程，并制定出每一服务过程的规程草案。具体内容包括确定该服务过程的主要环节；提出每个环节的具体要求，如仪表仪容、站立姿势、行走路线、语言谈吐、操作内容、顺序及应达到的规格标准等具体细节；规定每个环节之间的衔接内容，以免脱节而造成质量问题等。③修改服务规程草案。草案首先交服务过程所在班组的全体员工进行讨论，删除不合理、不可行、不必要或不符合标准和要求的部分，使其更趋可操作性。其次，将规程草案在小范围内试行，在实践中进行修改，删除不现实的部分，补充应做的内容，使其更具有可行性。最后，将规程草案交酒店决策层审定。决策层对照目标和要求，由聘请的酒店管理专家、学者对每一服务规程进行评审。经审定通过的服务规程，作为规章制度予以颁布实施。④完善服务规程。随着酒店等级的提高，客人需求的变化及酒店业的发展，酒店应随时调整服务规程，并定期修订，使之更趋于适用和完美。

（3）酒店服务规程的实施

酒店服务规程的实施过程包括：①服务质量意识教育。通过质量教育，树立员工的服务质量意识，使员工认识到服务质量对酒店及员工个人的重要性，明确提高服务质量与执行服务规程之间的紧密联系，增强酒店员工执行服务规程的主动性和自觉性。②服务规程作业培训。员工自觉执行服务规程，首先要让员工掌握服务规程，通过服务规程的培训，使员工了解服务规程的适用对象和范围，熟练掌握服务规程的内容和要求，提高员工执行服务规程的规范性和准确性。③服务规程执行过程的督导。酒店各级管理人员应对所管辖范围员工服务规程的执行情况进行认真、严格地监督、检查和指导。通过服务质量信息系统和原始记录，了解服务规程执行情况，通过现场巡视检查，及时发现存在的质量问题并及时予以纠正，使员工养成实施服务规程的良好意识和习惯。同时，酒店管理者还应经常进行服务质量的对比与评价，制定有效的奖惩措施，调动员工执行服务规程的积极性。

另外，酒店还应制定设施设备质量标准、服务环境质量标准、菜点酒水标准、客用品质量标准、人员素质标准、语言动作标准等，并要求酒店员工不折不扣地执行，使之成为酒店服务质量控制的依据。

（二）建立酒店服务质量管理体系

酒店服务质量是酒店各要素组成的一个管理系统，与服务过程中每个环节的服务质量紧密相连。因此，酒店每名员工要树立质量意识，关注客人的需要，并努力提高各自的工作质量。酒店服务质量管理体系主要包括：①建立酒店服务质量管理机构。②制定并实施酒店服务质量管理制度。③责权分工。④重视酒店质量信息管理。⑤正确处理客人对服务质量的投诉。

（三）酒店服务质量管理的方法

1. 全面服务质量管理

全面服务质量管理是把经营管理、专业技术、统计数据和思想教育结合起来，形成从市场调查、产品设计、产品生产到提供服务等一个完整的服务质量管理体系。全面服务质量管理使企业质量管理更加科学化、标准化、规范化。酒店全面质量管理是指酒店从系统的观念出发，通过全员、全过程、全方法、全方位，以全面提高酒店服务质量和满足客人需求为目的的系统管理活动。

2. 全员参与的服务质量管理

酒店服务质量与每个员工的工作密切相关。酒店提供优质服务，不仅需要前台人员的努力，同时也需要后台员工的配合才能实现。为了确保实现酒店的服务质量，酒店服务质量目标应分解到各个部门、每个班组和每个员工。酒店上下对质量问题要达成共识，并要求全体员工都参与质量管理工作。

3. 全过程的服务质量管理

酒店服务质量全过程的管理包括服务前的组织准备、服务中的对客服务、服务后的信息反馈，是一个不可分割的过程。酒店全面服务质量管理有别于传统管理，具有以下特点：一是以预防为主，防患于未然，服务质量管理的重点从“事后把关”转变为事前预防，转变为控制酒店服务质量产生问题的原因；二是全过程管理，即酒店服务的每个环节都应符合酒店质量管理的要求。

4. 全方法的服务质量管理

影响酒店服务质量的因素既有人的因素，也有物的因素；既有客观因素，也主观因素；既有内部因素，也有外部因素。全面系统地控制这些因素，必须针对具体情况采取灵活多样的管理方法。因此，酒店全面服务质量管理要求酒店管理者能够灵活运用各种现代管理的方法，全面提高服务质量。

5. 全方位的服务质量管理

酒店服务质量不仅包括有形产品的质量，还包括无形产品的质量；既包括前台服务的质量，又包括后台工作的质量，涵盖了酒店工作的各个方面。只有各个部门通力合作，才能确保酒店服务质量。

第五章　酒店危机、信息与安全管理

第一节　酒店危机管理

一、酒店危机概述

酒店危机是指内部或外部的突发性重大事件，威胁到酒店的经营管理，甚至危及酒店的生存和发展。

二、酒店危机的类型

对不同类型的危机，处理的方法存在很大的差异。在处理危机前，酒店应该确定危机的类型，以便有针对性地采取对策。

（一）按酒店危机的性质分类

1. 决策性危机

决策性危机是指酒店经营决策失误造成的危机。如果酒店不能根据经营环境和条件的变化趋势正确制定经营决策，则会遇到困难，甚至无法经营。

2. 商誉性危机

这是指公众对酒店产品和服务的整体印象和评价不佳而导致的危机。例如，酒店没有履行对顾客的承诺，或是在广告宣传中夸大其词，都会引起顾客不满，甚至产生一系列纠纷，从而使酒店信誉下降。严重的情况下，还会给消费者带来损失或伤害，从而失去公众的信任和支持。

3. 经营性危机

这是指酒店经营管理不善而导致的危机，包括服务质量危机、环境危机、关系纠纷危机等。

（1）服务质量危机

酒店在经营过程中忽略了服务质量，损害了顾客利益，由此引发顾客不满，顾客在追究酒店责任的过程中就会使酒店面临危机

（2）环境污染危机

酒店的废水、废气、固体废弃物处理不完善，造成环境污染、有害物质泄漏等事故，会使周边居民不满、环保人士不满并介入，从而引起危机。

（3）关系纠纷危机

由于错误的经营理念、不正当的经营方式而造成顾客的不满或损失，容易引起关系纠纷的危机，如顾客食物中毒、顾客财物丢失等。

4. 灾难性危机

这是指酒店无法预测或者不可抵抗力造成的危机，如地震、台风、洪水等自然灾害，以及战争、疫情、经济危机等造成的巨大损失危机。危机会给酒店带来巨额的财产损失，使酒店经营难以开展。

5. 财务性危机

这是指酒店投资决策失误、资金周转不灵、贷款利率和汇率调整等因素使酒店暂时出现资金断流，难以正常运转。严重的财务性危机会造成酒店停业。

6. 法律性危机

这是指酒店管理层或基层员工法律意识淡薄，在酒店经营过程中有违法行为，如偷税、漏税，从而使酒店陷入危机。

7. 人才性危机

这是指酒店人才频繁流出所造成的危机，尤其是酒店核心员工离职后，出现长时间职位空缺，导致酒店经营管理出现困难，从而带来危机。

8. 媒体性危机

这是指酒店有特殊事件发生后，由于媒体报道没有客观地反映事实或是出现报道失误，使公众对酒店有所误解而引起酒店的危机。

（二）按酒店危机发生的程度分类

1. 酒店一般性突发事件

这是指酒店突然发生的，对酒店人员人身安全、财产及社会秩序的影响相对较小的突

发事件。

2. 酒店重大突发事件

这是指酒店突然发生的，造成或者可能造成重大人员伤亡、财产损失、生态环境破坏和严重社会危害，危及酒店及公共安全的紧急事件。

（三）按酒店危机发生的外显度分类

1. 酒店显性危机

这是指酒店遭受外部造成的危机时，没有及时处理并表现为重大经济损失，这种危机属于显性危机。

2. 酒店隐性危机

这是指酒店在遭受外部危机的过程中，受到了特殊扶助或者及时处理而减轻了损失，这种危机属于隐性危机。

三、酒店危机的影响因素

酒店业处于一个不断变化的商业环境中，各种内外部因素的变化都容易引起危机，从而对酒店产生影响。从宏观上分析，酒店危机的产生主要有外部因素和内部因素。

（一）外部因素

外部因素是指酒店以外的引起宏观环境变化的因素，通常这些因素是不可控制的。而一些影响极大的外部因素可能会在短时间内给酒店带来突然的和严重的后果。

1. 政治因素

政治因素指的是由于政局变化、政权更迭、政策变化、罢工、战争、恐怖活动等引起社会动荡，给酒店业带来不利影响。

2. 经济因素

经济因素指的是由于宏观经济环境变化引起的危机和风险，如通货膨胀、汇率和利率的变动、国家经济政策变化等。

3. 社会因素

社会因素指的是个人或团体的不可预料事件所导致的危机和风险，包括瘟疫和疾病的流行与蔓延、社会思潮、意识形态等因素，这些直接或间接地波及酒店的经营与管理，给酒店带来负面影响。

4. 自然因素

自然因素指的是由于自然力的作用而造成的人身伤亡和财产损害的危机和风险，如地震、洪水、泥石流、台风、海啸等。这些自然灾害不仅给顾客造成伤害，给酒店造成经济损失，还可能使顾客对酒店失去安全信任，从而带来负面影响。

5. 其他外部因素

其他外部因素主要指的是一些除了上述类型因素外的特殊突发事件的诱因。

（二）内部因素

内部因素指的是发生在酒店内部的微观环境的变化，这种内部环境的变化也会给酒店业带来危机以及巨大的打击。但和外部因素不同，内部因素在一定程度上是可以控制的。

1. 管理者的决策

管理者的决策指的是由于管理者对酒店业的发展规律、行业的特性等认识的局限，或者由于希望进行内部自主性改变，如希望获得竞争性优势、改变企业文化等，从而产生决策失误，给酒店带来危机。

2. 管理漏洞

管理漏洞指的是由于酒店管理不当或者管理措施不健全等人为因素而导致安全事故的发生，从而引发酒店危机，如火灾、治安事故等。

四、酒店危机管理策略

（一）危机管理的概念

危机管理是指企业在经营管理的过程中，对危机进行预防和预警、处理与善后、总结和分析，并能采取有效措施减少危机带来的损害，转危为机，让企业重回正轨。

（二）酒店危机管理的概念

酒店危机管理就是酒店通过对危机的检测、防范、决策，建立快速反应机制，对危机进行及时处理，达到避免和减少危机的产生，甚至将危机转化为机会的管理过程。

（三）酒店危机管理的职能

1. 计划职能

酒店危机管理的计划职能，是指酒店要未雨绸缪，事先做好设施设备、技术、物资资源、人力资源、财务预算等的统筹与规划，可以在危机管理时保证酒店平稳运营，也可以让酒店在处理危机的过程中将损失降到最低。

2. 预防职能

酒店危机管理的预防职能与计划职能息息相关，指的是在酒店危机爆发前的各种预防性的工作。酒店危机管理的目的是避免危机的产生或是减少危机的危害。因此，酒店平时必须对可能引起危机的各种因素加以关注，如顾客满意度降低了，酒店管理层必须找出深层次的原因，提高顾客满意度，而不是等到顾客投诉甚至是顾客在网络上控诉后再进行危机管理。酒店危机管理的预防职能包括日常性危机的预防，以及在危机爆发前紧急状态中的危机预防。

3. 决策职能

酒店危机管理的决策职能，指的是酒店管理层为了达到危机处理的预期效果，在有限的时间、信息、资源等条件约束下，完成应对酒店危机的处理方案，并采取相应的措施。酒店危机管理的决策必须遵循一定的程序和原则，选择最合适的方案，避免危机的产生或是减少危机的危害，甚至将危机转化为机会。

4. 控制职能

酒店危机管理的控制职能，是指根据危机管理的目标需要，不断跟进和修正所采取的措施，合理地运用约束机制，对危机影响到的事物运行方向进行合理的调整和规范，以达到危机管理的目标。管理控制的任务就是保证危机管理的目标顺利实现，当发现态势发展偏离目标时，及时采取措施进行控制。酒店危机在爆发阶段、持续阶段和结束阶段，决策者都应该根据危机管理的计划、应急预案、危机决策等对危机采取有效的控制措施。如果控制职能实施得好，往往就能很快控制危机，将危机的危害降低。

5. 领导职能

酒店在面临危机时，往往成立危机管理小组，建立起危机管理的组织。在这个组织中，有合理的组织结构设置，能够有效整合组织内部成员，让每个成员各司其职。在处理酒店危机的过程中，危机管理小组的领导职能至关重要，是实施危机管理决策的重要保障。

6. 化解职能

酒店危机管理的化解职能，指的是危机解除之后，各部门恢复正常的运行状态，重新回到正常的发展轨道中。决策者在执行化解职能时，必须注意：危机一旦得到控制，酒店各部门就要立即恢复正常运营；危机的解决并不意味着危机带来的危害已经彻底消除，危害的持续性可能会影响到顾客对酒店的信心，或是影响员工的心态，这时候，酒店危机管理小组成员应该及时化解顾客的顾虑和员工的焦虑，努力重塑酒店形象，赢得各界的信任与支持。

7. 创新职能

酒店危机管理的创新职能，指的是在危机管理的过程中必须具备创新精神。危机具有不确定性、高风险性、隐蔽性等特点，酒店面临的每一次危机，其遭遇的时间、地点、人物和环境都各不相同。虽然酒店危机的管理要遵循一定的程序和原则，但只有根据实际情况，不断创新危机管理，才能更好地解决实际问题，并为下一次危机管理提供经验。

（四）酒店危机管理的原则

酒店危机管理小组在处理酒店危机和实施酒店危机管理时，并不是随心所欲的。面对危机，决策者必须遵循一定的原则和程序，根据危机管理的目的和特点，妥善地处理危机。酒店危机管理应遵循以下原则。

1. 预防为主

酒店危机管理是对危机事件全过程的管理，其中在危机发生前进行管理，防患于未然，是酒店危机管理中的重要环节。应对酒店危机的最好办法就是了解各种危机发生的前兆，在危机发生前消除各种隐患。酒店投入预防危机工作中的时间和精力往往比投入危机解决工作中的时间和精力少很多，却可以避免酒店危机的产生。

2. 统一指挥

酒店危机爆发后，酒店管理层应立即成立危机管理小组，并委任一位负责人作为总决策者来专门负责危机的处理工作。在决策者的统一指挥下，酒店的危机管理小组对危机的控制和处理进行统一组织和协调。统一指挥可以避免多人领导所造成的矛盾和混乱，以免延误危机处理的最佳时机。此外，酒店在对外联络和沟通时，也要遵循统一指挥的原则。例如，在向媒体通报危机处理的进展情况时，必须保持信息的正确性与一致性，避免由于信息不一致而引起公众的误解和不满，产生另一个危机。

3. 快速反应

有的酒店面临的危机往往危害性大，影响面广，不仅危及酒店的经营与管理，而且可能危及社会层面，如果不及时对危机进行控制，危害的波及面往往更广，危害程度也会更高。因此，在酒店危机爆发后，酒店管理层必须快速做出反应，以最快的速度成立危机管理小组，迅速调动人力、物力、财力等资源来处理危机。只有快速反应，才能遏制危机的危害性和影响范围，将损失降到最低。

4. 公共利益至上

酒店危机管理的最根本理念是维护公共利益。危机爆发后，可能会危害到各方的利益，如个人利益、部门利益、酒店利益和公共利益。公共利益应居于各种利益的首位。因此，酒店在处理危机时，应从全局的角度出发，做到局部利益服从集体利益，不能因为个人、部门或酒店利益而损害公共利益。

5. 主动应对

酒店面临危机时，决策者应积极面对、迅速决策，协调好各项危机管理工作，主动承担起各项危机管理工作。例如，主动向社会公众通报危机处理的进展，主动配合媒体采访和公众提问，主动与各界加强信息沟通。主动应对的原则实际上也是要求酒店把公共利益放在首位，积极主动处理危机。遵循主动应对的原则，有助于酒店在危机管理中树立良好的声誉。

6. 坦诚相待

当酒店危机爆发时，让公众恐慌和愤怒的往往并不是危机本身，而是酒店故意隐瞒或歪曲事实真相，不与公众沟通、不表明态度，使公众不能及时地了解与危机有关的一切真相，不尊重公众的知情权。这样往往会引起公众的反感、愤怒，甚至引发各种对酒店的猜疑和误解，从而引发另一波危机。因此，在酒店危机爆发后，酒店相关负责人应及时与各界沟通，通报酒店危机处理的措施、进展，回应各界的疑问，以取得公众的理解和支持。坚持坦诚相待的原则，可以使酒店处于更主动的地位，使危机管理工作更容易开展。

7. 灵活处理

引发酒店危机的因素有很多，危机造成的危害也是各种各样的，因此酒店在危机管理时，要遵循灵活处理的原则，做到随机应变，具体问题具体分析，根据不同情况，采取有针对性的措施来处理危机。灵活处理原则，也要求酒店决策者在危机管理的过程中做到冷静和果断，可以说这是对决策者应对突发事件的考验。

8. 全员配合

酒店危机的防范和管理工作，不是依赖危机管理小组就可以进行的一项工作，而是需要酒店全员配合、汇聚力量才能完成的一项重要工作。因此，酒店的每一位员工都应该树立危机防范意识，懂得处理基本危机。当危机爆发后，每一位员工都应该配合决策者做好各项危机管理工作，才能迅速消除危机带来的影响。全员配合的原则，也要求酒店各部门必须将各种危机处理的程序作为员工培训的内容之一，让员工懂得基本的危机处理的知识和技能。

9. 善始善终

酒店危机爆发后，其影响力可能会延续到危机处理之后。因此，酒店必须善始善终，做好危机的善后工作。例如，对酒店的危机及危机管理工作进行分析，总结经验教训，开展对受危害群体的救济、补偿、心理辅导等工作。酒店危机管理的善后工作较为复杂，其工作效果会直接影响到酒店在公众心目中的形象和地位，因此需要决策者高度重视。

五、酒店危机处理

（一）酒店危机处理的注意事项

在危机处理的过程中，酒店必须注意以下事项。

1. 尽快确认危机

酒店处理危机的关键是尽快确认危机。如果危机发生后，酒店没有认识到问题的严重性，仍未察觉危机已经发生，就会延误处理危机的最佳时机。造成危机确认延误的原因有很多，例如，酒店设计的危机预警系统出现障碍，没有对可能发生的危机发出警报；酒店组织管理机构设置得不合理，造成危机信息传递延误；酒店相关人员害怕承担责任，隐瞒危机信息；酒店相关人员危机意识淡薄，缺乏警惕性。因此，要想快速控制并解决危机，首先要在第一时间确认危机。

2. 保持冷静决策

面对危机的爆发，酒店的管理层必须保持冷静，沉着应对。如果酒店管理层在处理危机时，受到了公众情绪的影响，惊慌失措，那就很难对危机做出正确的判断，也很难对危机处理做出正确决策了。因此，酒店危机处理的决策者在酒店爆发危机时，要保持冷静决策，查明危机发生的原因，认识危机的性质、危机可能发展的趋势和造成的后果等，以找到解决危机的有效办法，做出正确的决策。

3. 迅速做出反应

危机爆发后，如果酒店不迅速做出反应，随着危机影响面的扩大以及媒体的介入，酒店危机的危害会加重。所以，在危机爆发后，酒店决策者要就危机处理的相关事宜进行诚恳的表态，如危机如何处理、危机处理的进展如何、会如何赔偿公众损失等。迅速做出反应，给公众满意的回复，可以避免酒店声誉在危机中再次受到损害。

4. 有重点地采取行动

酒店在危机爆发后，往往面临处理危机的时间、人力、物力、财力都受到限制的局面。这时候，如果酒店决策者不抓住重点采取行动，就会耗费宝贵的资源。因此，在处理酒店危机时，应有主次之分。决策者应集中资源处理危害较大的危机，再去解决其他问题。一般来说，对危机的受害者进行救治、补偿，阻断危机影响的途径，澄清事实的真相等都是最紧迫的事情，酒店应立即采取行动。

5. 主动纠错，赔偿损失

酒店发生危机后，必定会使公众利益受到损害，决策者应该主动承认错误、纠正错误，并及时赔偿受害者的物质损失和精神损失。例如，当酒店餐厅出现大批客人吃饭后肠胃不适，有食物中毒迹象时，酒店应立即封存所有食品，关闭餐厅，对餐厅和厨房的环境、食品制作和运送的流程进行严格的检验，找出问题的原因，向受到损害的客人公开道歉，酒店相关人员应亲自拜访客人，对受到损害的客人给予相应的物质和精神赔偿，争取得到客人的谅解，将酒店危机的危害降到最低。

6. 积极邀请专家介入

酒店处理危机的过程中，邀请外部专家介入，有助于弥补酒店在处理危机时某些方面知识和经验的不足。在公众看来，专家更具权威性与公正性，由专家介入处理酒店危机，往往更容易赢得公众的信任。另外，因为外部专家不属于酒店成员，所以在分析和处理问题时，更为客观和冷静。可见，酒店在处理危机时，积极邀请外部专家介入，往往可以达到事半功倍的理想效果。

7. 重视政府部门与社会组织的作用

在公众心目中，政府部门和社会组织的权威性和公信力是其他机构和个人难以比拟的。

酒店危机发生后，决策者应重视政府部门与社会组织的作用，配合政府部门与社会组织开展工作，主动寻求政府部门和社会组织的帮助，如文化与旅游部门、旅游饭店协会、消费者保护协会等。这些政府部门和社会组织的权威发声，可以给公众足够的信赖感，有效帮助酒店扭转不利的舆论，帮助酒店在危机处理中塑造良好的企业形象。

（二）酒店危机处理的程序

酒店危机处理的程序主要包括危机的预警、应对危机的准备、危机的确认、危机的决策、危机的控制与处理、危机的恢复、危机的善后共七个阶段。

1. 危机的预警

“预警”一词最早运用于军事领域，后来逐渐运用于经济、政治、文化、管理等不同领域。预警是指在危机发生之前，管理者根据以往总结的经验或观察得到的可能性预兆，向有关部门发出紧急的信号，报告可能发生的危险情况，以避免危机在不知情或是准备不足的情况下发生，从而在最大限度上降低危机所造成的危害的行为。

酒店危机的预警工作主要包括建立危机预警系统、有序推进危机预警的工作等方面的内容。

（1）建立危机预警系统

酒店建立危机预警系统是为了能够采集到预测危机所需要的信号。这就要求要准确预警、及时预警、预警信号明确、预警系统的建立和合理使用。酒店危机预警系统一般包括信息收集子系统、信息加工子系统、信息决策子系统、信息警报子系统和信息咨询子系统五个部分。

信息收集子系统的任务是对影响酒店危机的风险源和征兆等信息进行收集，保证信息的全面性。因此，酒店必须明确危机风险源的分布情况，也就是哪些因素会导致酒店危机的产生以及各个因素的分布范围。如客人满意度低往往是酒店的潜在危机之一。在信息收集子系统中，酒店应确定客人满意度是由哪些因素构成的，客人对酒店各个部门有何不同的期待等。如果在信息收集阶段，酒店没有全面评估客人的满意度，就会导致危机预警系统不完善，进而使管理者接收不到酒店危机的前兆信号。

信息加工子系统涉及酒店各部门对信息进行识别、归纳、整理等相关工作。目的是梳理收集来的信息，排除干扰、虚假信息，通过信息传递者、信息源、信息传递等环节进行判断，保证信息的准确性。例如，酒店可以通过回访客人、网络问卷、购后评价等多个渠道收集客人满意度信息，但要判断这些信息是否准确，以及在传递的过程中是否被篡改，是否被信息传递者瞒报。

信息决策子系统的功能是酒店各部门根据信息加工子系统的结果决定是否发出危机预警及确定危机的警报级别，并向信息警报子系统下达指令。很多酒店会以客人对满意度的评分来衡量满意度危机级别，分数低于某个临界值，则向有关人员发出危机预警，及时处理相关事宜。但值得注意的是，酒店面临的危机往往不是单一因素造成的，因此信息决策子系统应全面评估信息加工的结果，以确定预警的级别。

信息警报子系统的功能是向酒店危机管理小组或是潜在的危机受害者发出危机警报，使他们及时采取措施处理。信息警报子系统要求酒店管理信息系统要畅通，保证信息沟通的及时性和有效性。此外，信息警报子系统还要求酒店各部门员工通过培训和演习，熟悉并掌握危机信息警报的处理程序；否则，当危机警报发出时，相关人员仍无动于衷，则延误了危机处理的最佳时机。

信息咨询子系统的功能是发挥专家咨询的作用，保证酒店决策者的措施的科学性和专业性。实际上，酒店危机涉及的领域很多，需要借助各个领域的专家的知识和智慧，如心理专家、网络专家、法律专家、公关专家等。酒店危机管理小组应加强专家队伍的建设，构建起完善的专家咨询网络，使危机的决策能够得到专家的智力支持。

（2）有序推进危机预警的工作

酒店的危机预警工作需有计划地开展，具体工作主要包括：收集危机信息，即时监测和获取危机信号；对危机的信号做出评估与分析，科学判断危机发生的概率及危机发生后可能产生的损失；建立信息汇编制度，定期上报预警信息，紧急情况下可以启动特殊紧急汇报制度；通过对预警信息的汇总与整理，或由危机管理小组识别和判断危机信号，或由专家提供咨询建议，对危机信息做出一个准确的判断；根据危机的前期信息，进行预防工作或是控制工作，尽量将危机消除在萌芽状态。

2. 应对危机的准备

应对危机的准备是指在危机到来之前，做好各项准备工作，例如，设立危机管理小组，拟订危机管理预案，对危机处理程序进行培训和演练。

（1）设立危机管理小组

酒店应设立危机管理小组，在各部门选择合适人员参与，设置合理的组织机构，建立完备的、充足的沟通系统。危机管理小组的主要工作包括：协调组内成员；准备危机反应和恢复所需要的人力、财力、物力等资源；采取良好的沟通策略；媒体管理；形象管理；危机预警；危机处理的指挥、协调、控制；等等。

（2）拟订危机管理预案

酒店的危机管理预案是危机处理的具体行动指南。危机管理预案必须全面、系统、灵活，并且有具体的操作流程、报告流程、行动计划等。酒店危机管理预案还需要具有前瞻性、可操作性。

（3）对危机处理程序进行培训和演练

当危机处理的预案拟订好后，酒店必须向各部门员工培训危机处理的相关知识，包括危机意识的培养、危机处理程序的实施、部门间的紧急联动等。酒店应根据危机管理预案的内容，对常见危机的处理进行演练：一方面可以验证危机管理预案的可操作性，及时修正预案的不足；另一方面可以通过演练，让酒店危机管理小组和各部门员工明确自身职责、熟悉危机处理的程序，当真正危机来临时，才不至于手忙脚乱，可以沉着冷静地处理危机。

3. 危机的确认

酒店危机管理小组在决定使用哪些危机决策前，首先要对危机进行确认，主要工作包括收集与危机相关的信息，确认危机是否发生，确认危机的影响范围和可能带来的后果，找出危机产生的原因，对危机进行归类。

酒店危机的确认工作，一般按如下步骤进行：首先，酒店危机管理小组成员要对危机进行识别，判断危机等级，并将判断结果向上级汇报。其次，酒店危机管理小组成员对危机现场进行监控，并实时将信息反馈给决策者。最后，决策者对危机等级进行确认，召开对策会议，并将危机情况传达给酒店各部门。

酒店危机确认的全过程都应当根据危机的特定环境进行。危机确认的准确度不仅取决于危机信息量的多少，还取决于决策者对当时危机形势的准确把握，更取决于决策者的判断能力。因此，在危机确认阶段，决策者只有向各方相关人员了解和评估更多的情况，才能客观准确地对危机进行确认。

4. 危机的决策

危机决策指的是决策者在危机确认的基础上制订危机处理方案的过程。酒店决策者要根据前期对酒店危机的确认与判断，对造成危机的原因有充分的认识和了解，并领导危机管理小组对危机造成的损失进行估算，设计多种可行性方案，比较各方案的优缺点，选择最佳实施方案。危机决策的方案必须定位精准并迅速推行。酒店危机决策按程序进行，可以包括以下五个阶段。

（1）发现问题或机会

这是决策过程的第一步。决策是解决危机的过程，问题和机会往往蕴藏其中。发现问题，就可以发现更多的机会。但发现问题和机会都不是容易的事，必须通过缜密调查、分析、研究危机的实际情况，才能找到问题的关键。

(2) 确定决策目标

能否正确地确定决策目标，关系到危机处理的成败。正确的目标一般要符合以下条件：有根据地制定目标，且要具体明确；酒店管理危机小组根据危机情况，将目标分解落实到各个部门；制定的目标需要有衡量的指标，如评分法、分级法等；确定多个目标时，应分清楚主要目标和次要目标，确定目标的优先顺序；确定目标的约束条件，如可能影响目标完成的人力、物力、财力等条件。只有确定好正确的决策目标，酒店危机管理小组才能朝着目标来处理危机，在处理危机的过程中不走歪路。

(3) 探讨并拟订各种可行方案

任何危机的解决都不可能只有一种解决方案，只有经过比较、选择、决策，使解决方案适合酒店经营环境，才能更好地解决酒店危机，因此拟订多种解决方案是非常重要的。方案的拟订包括大胆设想和精心设计两个阶段。大胆设想是指酒店危机管理小组的成员可以从不同的角度设想出各种可行方案，让决策者在处理酒店危机时有选择的余地。精心设计是指酒店危机管理小组成员细化方案的细节以及预测实施后果，如日程安排、经费预算、组织工作、资源支持等。这个阶段的工作越细致，决策者在选择方案时就越有把握。

(4) 方案的评价、比较和选择

酒店危机管理小组在方案的评价、比较和选择阶段，应注意以下标准：价值标准，即方案的作用、意义和效果等，价值标准可以衡量是否可以达到决策目标的要求；满意标准，这是最优原则的体现，即方案是否符合大众的要求，其实施后果是否符合大众的利益，让大众满意；期望值标准，即根据各种客观情况出现的概率计算出来的最大期望值标准平均值，任何方案都不可能满足大众的所有期望，但只要能达到最大期望值标准平均值，都可以视为可行的方案。

选择方案时，可以采用以下方法：经验判断法，即决策者根据已掌握的危机信息及以往的经验，经过权衡利弊后，做出选择决策；数学分析法，即可以通过建立数学模型求出最优数值，使决策达到准确化；试验法，即在小范围内进行试验，并在试验的基础上对方案进行改进。

(5) 决策方案的执行和反馈

当决策者实施所选择的方案后，既要保证处理危机的决策顺利进行，又应通过不同的渠道来获取反馈信息。这样，当在危机处理的过程中发现问题时，就可以及时修改方案或是修订目标。

5. 危机的控制与处理

酒店危机的控制指的是控制危机影响的扩散和危机造成的损失；危机的处理指的是解

决危机的根源，从根本上消除危机。实际上，危机控制和处理是相互渗透的过程，控制过程就是处理过程，处理过程也是控制过程。危机的控制与处理，是酒店危机管理和应对工作的核心阶段，具体可以按照以下程序进行。

（1）迅速成立危机处理小组

酒店危机爆发后，酒店应根据危机的类型和级别迅速成立危机处理小组，成员由酒店管理层、相关部门负责人以及内外部专业人士组成。危机处理小组成立后，决策者应明确规定各成员的职责分工、相应的权限和沟通渠道。酒店危机处理小组是在酒店危机处理中的权威协调机构，有权力调动酒店资源，制订和审核危机处理方案和工作程序，监督危机处理工作的正确实施。

（2）启动危机处理计划

酒店危机处理小组应根据危机处理计划进行危机处理，做到分工明确、责任落实、配合有序。一方面，决策者和危机处理小组成员要熟悉危机处理计划及危机处理程序，保证危机处理工作有序进行。另一方面，决策者和危机处理小组要迅速控制危机的发展，避免其影响进一步扩大。

以客人投诉引起的酒店危机为例。客人因为酒店客房服务员效率低投诉到前台。酒店在解决这次投诉危机的过程中，一方面要向客人道歉，找出问题的根源，必要时向客人赔偿，取得客人谅解；另一方面，应留意客人有没有将此事发布到网络平台，必要时可以请公关部介入协助处理。

（3）选择危机处理策略

酒店危机处理策略是对危机处理的整体性思考。选择合适的策略，可以帮助决策者厘清思路，改善危机处理的效果，减少危机对酒店带来的损害，甚至可以把危机转化为机会。常见的危机处理策略包括以下几种。

①危机中止策略。危机中止策略指的是针对危机产生的原因，中止事态进一步发展。例如，当酒店洗衣房发生熨衣机使员工受伤事件时，应马上停止整个洗衣房的运行，检查每一台机器的安全性，这样可以避免洗衣房的安全危机进一步蔓延。

②危机隔离策略。危机隔离策略指的是将危机的负面影响隔离在最小的范围内，避免影响更多的人员，避免造成更大的损失。例如，当采购部发现某食品供应商发生信誉危机，会影响到酒店运营时，应通知危机管理小组，迅速停止与此供应商的供货关系，并及时向公众发表声明。酒店运用这种隔离策略，可以迅速切断与问题供应商的联系，缩小危机对酒店的影响。

③危机消除策略。危机消除策略指的是消除危机所带来的各种负面影响，转变公众对

酒店的态度和看法。酒店危机涉及的负面影响可能是经济上的损失，如营业额下降，也有可能是精神上的损失，如管理层信心不足、员工士气低下等。

④危机利用策略。危机利用策略指的是酒店可以利用危机，使其成为酒店品牌和形象宣传的契机。这种策略比较适合运用在外部因素引起的危机上。

各种危机策略并不是彼此孤立的，酒店在危机处理的过程中，往往要根据实际情况，综合运用多种策略解决酒店危机。

（4）拟定危机处理报告

酒店在处理危机时，需要及时对处理工作进行评估和总结，因此有必要拟定危机总结报告。危机总结报告的内容一般包括：总结酒店危机处理过程中的相关信息，对危机发生的原因、处理危机的措施等进行调查、分析、评价及整改；发现机会与优势；建立与整合公共关系，包括政府关系、媒体关系、消费者关系等；善后工作。

6. 危机的恢复

对于危机给酒店造成的损失，要通过危机的恢复来解决。在后期，危机的处理工作转向了危机的恢复工作。酒店可以通过危机恢复，对危机造成的损害进行评估和恢复，形成改进意见，将危机发展成为机会。危机恢复的工作程序如下。

（1）建立危机恢复小组

危机恢复小组的成员与危机处理小组的成员可以有一定的差异，因为两个小组的工作目的不同、职责不同，成员构成也会不同。危机处理小组常常邀请外部专家来共同处理酒店危机，而危机恢复小组往往都是由酒店内部人员构成的。

（2）获取危机处理的全部信息

酒店危机恢复小组成立后，可以从危机管理人员、危机受害者等人员处获取详细信息，并由法律、财务、医生等专业人士做出评估，掌握酒店遭受危机后声誉、财力、人力等方面的受损程度。只有获取足够详细的信息并进行专业评估，酒店危机恢复小组在决策时才有足够的科学依据。

（3）确定危机恢复的策略

确定危机恢复的策略，主要是指由酒店危机恢复小组对危机恢复对象进行确认，并对他们的重要性进行排序。

（4）制订危机恢复计划

危机恢复计划的主要内容包括介绍危机发生的背景、原因、发展态势、造成的损失、危机处理的效果、危机处理的遗留问题、确定危机恢复的目标、危机恢复的预算、危机恢复所需要的资源、危机恢复的对象（如酒店形象、员工士气、顾客关系等）、危机恢复的措施、危机恢复的困难等。

（5）实施危机恢复的计划

实施危机恢复计划是危机恢复工作的重点。虽然危机已经过去，但这并不意味着危机恢复是件容易的事。相反，酒店危机恢复工作可能是个漫长的过程。例如，在自然灾害危机的影响下，酒店危机恢复工作涵盖：对自然灾害造成破坏的设施设备进行修复或重建；安置受灾人员；收集、清理和处理污染物；合理调配资金和物资；受灾人员的心理援助；等等。危机恢复工作中，既要关注物资方面的有形恢复工作，也要关注社会与精神方面的无形恢复工作。

酒店危机恢复小组在工作过程中，应注意以下基本要求：确定以人为本的危机恢复计划；保证恢复工作的连续性；确定合理、合适的恢复标准；确定合适的恢复机制。

7. 危机的善后

酒店危机的善后阶段，要设立由第三方担任的、独立的、权威的调查部门，对造成酒店危机事件的原因进行深入调查，明确危机事件的责任主体并采取相应的奖惩措施，并根据实际情况修订原来的危机管理预案和解决方案，总结危机处理中的经验教训和机会。

危机的善后工作一般由两个环节组成：危机调查，总结与评价危机。

（1）危机调查

酒店危机的调查环节，指的是成立一个相对独立的调查小组，或是按国际惯例，委托第三方来完成危机调查工作。这样可以确保危机调查工作的独立性、公正性、公开性和权威性。危机调查工作主要是调查小组或第三方通过现场勘查、询问、观察、数据分析等一系列方法进行调查，分析酒店危机的原因、危机造成的危害、危机的预防与处理的执行情况、危机的反馈与危机管理的改进情况。

（2）总结与评价危机

实际上，对危机进行总结与评价，贯穿危机管理的全过程，危机的预测、确认、决策、处理、恢复和善后，每一个阶段的工作都应有详细的总结与评价。总结与评价既包括阶段性的，也包括最后总结性的。阶段性的总结与评价，可以对本阶段的工作进行总结，也可以为下一个阶段的工作提供建议。而最后总结性的总结与评价，涉及了危机的所有方面和全部过程：对危机管理系统、危机管理制度、危机管理小组与危机处理小组的组织架构、危机管理者和决策者的能力、危机预警机制的效果、危机管理与处理计划的制订与实施、危机判断与决策方案的选择、危机处理的措施、危机管理的信息沟通与交流、危机管理过程中的公共关系、危机恢复机制的运用效果等。

对危机进行总结和评价，可以使酒店全员提高对突发事件的预警意识和处理能力；可以对酒店组织机构、运行机制、人员配置、管理方法等进行改革；可以督促各部门提高有效的危机防范和处理能力；可以推动和改进酒店与各界的公共关系。

第二节 酒店信息与安全管理

一、酒店信息管理

（一）信息的定义

关于信息，至今还没有一个各方都认可的定义。但学者们从不同角度给出了一些关于信息的描述。例如，从获取的角度来看，信息就是经过加工的数据；从经济的角度来看，信息就是有价值的数据；从使用的角度来看，信息则是指能对接收者产生实际影响的数据。

从管理学的角度来理解信息，信息就是经过加工处理，具有一定含义，能够反映客观事物运动变化的，可以被人们所接收和理解的，对人们的行为决策有重要价值或者潜在价值的各种数据资料。信息既是人们管理的对象，又是各项管理活动的基础。这些管理活动的结果又表现为大量的信息资料，这些信息资料同时也是人们从事各项决策和管理活动的依据和基础。

（二）酒店管理信息系统

1. 管理信息系统的概念

如今，在激烈的市场竞争中，管理信息系统是各个企业在经营管理中的重要投入。酒店的管理者和决策者需懂得如何把信息看作有价值的资源，重视信息在当今社会中的主导作用，并认识建立管理信息系统的重要性。建立酒店管理信息系统，是酒店决策部门和经营管理部门的客观需要，也是现代酒店的一种基础性建设。

管理信息系统的概念，是随着人们对其的认识不断提高和完善的，也是随着社会信息化的深入而不断拓展和深化的。

管理信息系统是基于信息技术的人机系统，也是需要综合考虑系统环境的社会技术系统；管理信息系统提供的信息能够支持企业或组织的运行管理和决策功能。了解了管理信息系统的各种概念后，我们可以重新描述和总结管理信息系统的定义：管理信息系统是以人为主导，充分利用计算机软硬件系统、网络通信等技术，对信息进行收集、传输、加工、存储、更新和维护，支持组织的高层决策、中层管理、基层运作，从而提高组织的管理效率、创造核心竞争优势的人机系统。

2. 管理信息系统的作用

管理信息系统是现代企业在经营和管理中不可或缺的技术系统，它不但能促进企业的科学化管理，也能使企业组织扁平化，更可以促进企业流程的再造，创造企业的竞争优势，支持企业组织的战略执行和实现。

（1）促进组织科学管理

企业在经营和管理中，可以通过运用管理信息系统的信息通信、移动互联网等先进技术，结合其他学科和领域的先进理念，使用定量分析的科学管理方法，通过预测、计划、分析、优化、管理、调节和控制等手段进行管理决策。运用管理信息系统可以避免管理者和决策者凭借个人经验和直觉进行判断和决策的弊端，同时也避免了空谈管理学做决策所带来的盲目性和不必要的损失，从而提高了企业管理、决策和运行的效率，提升了企业的管理效率和各种效益。

（2）促进组织机构扁平化

传统企业的组织结构多采用“金字塔”式的、纵向的、多层次的集中管理。这样容易造成信息传输速度慢、传输过程容易失真、管理效率低下等问题。管理信息系统的引进，可以改变企业的组织结构，促进企业组织结构向“扁平化”方向发展。在扁平化的组织机构中，管理层级简化，信息流动顺畅，组织内部信息交流的成本得以降低，企业向无边界网络化组织迈进。

（3）有利于业务流程再造

管理信息系统是一个“人机社会系统”，所以企业内部的业务、管理流程必须与管理信息系统的流程相适应。在构建管理信息系统初期，企业必须充分考虑组织内部的业务流程的优化，这样可以逐步实现组织内部的业务流程再造。近年来，随着互联网技术和电子商务的发展，管理信息系统已突破原有的界限，成为组织内部业务流程和组织外部商务流程集成的平台，也就是跨组织的信息交流平台。在这种业务流程下，管理信息系统不仅能有效地改造组织中过时、僵化的业务流程，提高组织内部流程的效率，同时也能提高企业组织与外部交易过程的效率，一举两得。

（4）支持组织战略执行和实现

企业的竞争优势是在企业开展各种活动的过程中展现的。企业通过各种生产、经营和管理活动，为顾客创造价值。然而，企业所创造的价值，通常是以顾客愿意支付企业产品或服务的总和来进行评估的。企业是否盈利就要看它所创造的最终价值能否超过本身业务的总成本。要在激烈的竞争中赢得优势，企业就必须向顾客提供更具有竞争力的价值。那么，如何实现更具有竞争力的价值呢？企业可以通过比竞争对手更高的效率，或以独特的方式创造更高的顾客价值、以合适的产品价格来取得竞争优势。通过管理信息系统，企业可以实际检测内部各种活动过程的运行情况，利用过去的数据预测未来，从全局出发辅助经营决策，制定战略，并利用信息指导企业行为，帮助企业实现发展目标。

3. 酒店管理信息系统的概念

酒店管理信息系统是信息系统在酒店行业的具体应用，是管理信息系统的一个重要分支。国内学者和业界对“酒店管理信息系统”一词有很多类似的称呼，主要有酒店信息系统、酒店信息管理系统、酒店计算机管理信息系统、酒店计算机管理软件、酒店综合管理信息系统等。这些称呼在一定程度上反映了人们对酒店管理信息系统的理解，也反映了信息系统在酒店业应用的变化过程。

我们可以借鉴前面对管理信息系统的定义，实现对酒店管理信息系统的概念界定。酒店管理信息系统是由人、计算机、网络等组成的能够对酒店信息进行收集、传输、加工、存储、使用和维护，并以人为主导，为酒店经营、管理和决策服务的人机系统。它能实时反映酒店经营的各种情况，预测酒店经营的未来，帮助酒店实现经营目标。对于该定义，我们需要理解以下三个方面的内容。

（1）酒店管理信息系统是一个信息处理系统

酒店管理信息系统是一个信息处理系统，这主要是从技术层面来理解酒店管理信息系统的最基本含义，也就是酒店管理信息系统可以收集、传输、加工、存储、使用和维护酒店的信息，这是酒店管理信息系统应用的较低层次，属于初级应用。酒店可以通过构建分析型的软件、硬件和其网络应用系统，来实现酒店经营与管理方面的信息反馈，并通过该系统，衍生出新的信息，以辅助酒店经营管理者进行决策，实现信息系统的中级和高级应用。目前，我国大部分酒店对管理信息系统的应用也仅停留在初级应用层面。

（2）酒店管理信息系统是一个经营管理系统

酒店管理信息系统是一个经营管理系统，这是从应用角度来理解的定义。人们开发并使用酒店管理信息系统，主要是为了解决酒店的经营和管理问题，如办理入住登记、退房结账、房态查询、客史档案管理等。酒店行业的服务对象是“人”，属于“信息密集型”行业。为了能够了解和满足客人的需求，酒店服务与管理人员需要获得大量的信息，包括客人的习惯和喜好、酒店实时的客房状态、食品库存状态、酒店的出租率和预订情况等。酒店管理信息系统的使用，可以为酒店的常规经营提供技术手段，使员工从烦琐的工作中解脱出来，提高工作效率和管理效率。同时，酒店管理信息系统也可以将经营情况数据化，有效地为管理者和决策者提供有价值的信息，作为管理和决策的参考依据，帮助酒店提升经营和管理的竞争优势。

（3）酒店管理信息系统是一个人机系统

不少人误认为酒店管理信息系统是一个纯技术系统。然而，酒店管理信息系统不仅是一个技术系统，还是一个人机系统，并且是以人为主导的人机系统。人机系统是指由人和机器组成，并依赖人和机器的相互作用才能完成一定业务功能的系统。由于酒店管理信息系统涉及管理科学、系统理论、计算机科学和信息学科等多个领域，是一门交叉性非常强的边缘性新兴学科，因此如果仅将其限制为技术系统，那么它是很难发挥理想的作用的。必须充分考虑经常与酒店管理信息系统接触的“人”，包括系统各个层面的使用者，系统的开发者、维护者等因素，这样的酒店管理信息系统才能真正可靠且高效。机器是“死”的，人是“活”的，所以酒店管理信息系统除了考虑系统本身，还需要考虑人、人所在的组织、人所在的社会环境。

4. 酒店管理信息系统的作用

酒店管理信息系统在酒店经营与管理的过程中，可以提高工作效率、提升顾客体验、改变酒店的商业模式、驱动酒店的服务创新、创造酒店的竞争优势等。

（1）提高工作效率

通过使用酒店管理信息系统，可大大提高酒店的业务运作速度和准确性。前台接待员无须手工填写客人资料，可将客人资料直接输入计算机系统，再打印出入住登记表和预付金收款单，简化入住登记手续，缩短客人等待时间；酒店管理信息系统的夜间稽核所产生的报表功能完备，为管理层提供决策数据，彻底结束手工报表的历史；计算机资料的正确保存避免了抄写客人名单的低效工作；电话费自动计费、电话开关程序控制、叫醒服务设置等，使话务员从烦琐的话务台管理中解放出来；多样化的房态显示，可以为相关部门提供详尽、清晰的房间使用信息，方便员工快速查询可售房信息等。

（2）提升顾客体验

如果每位光临酒店的顾客在入住、就餐、会议、娱乐期间，都能够拥有非常好的消费体验，那么这样的酒店将在市场竞争中立于不败之地。酒店管理信息系统处理信息的速度很快，可以大大缩短客人入住、退房结账的等候时间，提高对客服务质量、提升顾客体验。在顾客决定预订酒店服务和产品的过程中，酒店可以通过信息技术提供实时预订服务，第一时间为顾客提供高效、准确及互动的订房或订餐服务。酒店管理信息系统的“客史档案”功能，可以自动识别回头客，对黑名单客人会自动报警，对 VIP 客人也能够立即识别。另外，酒店管理信息系统中，详细记录了每一位客人的住宿信息和特殊要求，方便酒店根据客人的个人习惯提供个性化服务。众多成功的酒店都非常重视客史档案，通过对顾客的统计分析改变酒店的经营策略，通过个性化服务满足顾客的特殊要求，提升顾客的体验感，成功地保留了固定客户群，也不断吸引新的客户加入，最终形成了自己的市场定位，在市场竞争中立于不败之地。

(3) 改变酒店的商业模式

信息技术的出现，彻底改变了酒店与酒店之间、酒店与消费者之间的沟通模式，进而改变了商业模式。传统的酒店企业扩张，需要大量熟悉酒店管理模式的管理人员。但是，利用酒店信息管理系统可以快速复制酒店的营销模式和管理模式。酒店管理信息系统的流程设计，可以很快为新的酒店所利用，并且所产生的经营数据和统计数据也采用了相同标准，有利于酒店的快速扩展。

(4) 驱动酒店的服务创新

信息技术的飞速发展，使得许多产品的技术和功能的同质化水平越来越高，通过提高产品质量、降低产品生产成本来竞争的空间越来越狭窄，因而服务创新成为酒店进行市场竞争的重要武器。酒店的服务创新多是通过信息技术和信息系统软件实现的，通过在不同的服务环节挖掘信息技术应用的切入点，持续不断地实现服务创新。

(5) 创造酒店的竞争优势

信息技术到底能不能创造竞争优势？不管是国内还是国外，都有学者为这个问题争论。信息技术首先是一项技术，技术本身是不能直接带来经济效益的，但利用技术来改善管理可以间接提升竞争优势。对于酒店而言，通过信息技术创造竞争优势的主要路径应该是：通过先进的酒店管理信息系统改变酒店的运营模式（如酒店操作流程），通过改进不合理的流程，并将改进后的流程推广到酒店的每个部门，落实到每位员工，以保证这些流程能够始终如一地执行。通过不断地寻找酒店不合理的流程并加以完善以及实施改进后的流程，最终将打造出一套与酒店自身管理相契合的操作流程，在不断创新过程中，实现经营的竞争优势。

5. 酒店管理信息系统的应用类型

管理信息系统在酒店的各个部门、各个环节都展开了应用，目前已经形成了各式各样的酒店管理系统应用形式，常见的有酒店前线管理系统、酒店后线管理系统、酒店电子商务系统等。下面就这些应用形式进行简单介绍。

(1) 酒店前线管理系统

酒店经营管理中，直接对客服务的部门统称为“前线部门”，主要是为客人提供预订、接待、住房、餐饮、康乐等服务。从客人与酒店发生联系开始，一般要经历预订、登记、住店消费和结账离店四个环节。酒店前线管理系统围绕这些环节为客人提供完善的服务，主要包括客房预订系统、前台接待系统、前台收银系统、客房管理系统、市场营销管理系统、账务审核系统、餐饮系统、报表管理系统、宴会销售系统等。

①客房预订系统。该系统主要通过快速、准确地提供客房类型、客房数量和客房价格等信息，协助预订员销售客房。通过客房预订系统，可以使酒店预订部快速地处理各种订房需求，并及时准确地向各线上旅行社等分销渠道实时发布客房信息。同时，客房预订系统也可以生成关于客房销售预测、未来收入预测等报告。客房预订业务不仅能够为客人在抵达酒店前做好相关准备，而且有助于酒店更好地预测未来的客源情况，及时调整销售策略。

②前台接待系统。接待是酒店对客服务中最重要的环节之一。高效的接待过程是十分关键的。为了提升酒店为客人办理入住登记的效率，很多酒店在工作操作流程标准中规定，前台接待员必须在 3 分钟内为客人办理好入住登记手续。通过前台接待系统，接待员可以快速获取客人的预订信息，或者有针对性地向未预订的客人销售客房并快速办理入住手续。目前，大多数酒店信息管理系统都能够链接身份证识别系统，前台接待员只需要刷客人的身份证，客人的性别、姓名、身份证号码等信息就会立即录入登记窗口，前台接待员只需要在前台接待系统中输入客人住店时间、房间类型和房间号码，打印入住登记单给客人签名，并通过前台接待系统制作房卡给客人，就完成了入住登记工作。这不仅提高了接待客人的效率，也提高了信息输入的准确率。

③前台收银系统。收银是酒店工作中非常重要，却又容易出错的环节。为了预防逃账、赖账行为，酒店一般要求客人预付相当于 1.5 倍房价的押金。前台收银主要完成押金入账、消费入账、客人结账的工作。为了便于客人消费，酒店往往给客人提供在餐饮、康乐等部门的签单挂账服务。前台收银可以通过前台收银系统控制各个营业点的挂账功能，以控制酒店的经营风险。当客人预付的押金不足时，前台收银只需要在前台收银系统关闭该客人的挂账功能，客人就无法在其他营业点挂账，必须现付或者再支付押金。前台收银系统不仅可以采用多种账务显示方式，如汇总、分项汇总、明细，也可以采用多种处理方式，如账务分拆、部结、转结、提前结算等，操作简单快捷，方便财务核算。当客人要退房时，前台收银只需要打印账单，并完成收款工作，就可实现快速给客人办理退房。

④客房管理系统。该系统主要维护酒店最新的房态信息，使酒店及时掌握房态的整体情况，并掌握实时房态信息，如净房、脏房、维修房等。当客人离店或者信息系统过了夜审之后，客房状态自动变成脏房。客房主管通过查阅当天的预离店房和住店脏房等，合理

分配客房服务员的清洁工作量。客房服务员清洁完成后，由客房中心的员工进行房态更改设置。这样前台接待员就可以根据实时的房态来安排客人的房间。客房管理系统可以把酒店房态冲突的可能性降到最低，有效地提高客房出租率和收入。

⑤市场营销管理系统。该系统主要进行销售管理和客户档案管理。市场营销管理系统能够自动统计销售员的业绩，随时掌握销售员的工作情况和工作业绩，实现量化考核，以实现最有效的激励机制。市场营销部可以通过市场营销管理系统提前设置好各个分销渠道的佣金计算模式，到了月底，市场营销管理系统可以自动产生佣金统计报表，大大减少了财务统计的工作量，并帮助酒店改善服务质量，帮助酒店市场营销部制定具有竞争力的营销策略，分析酒店各业务利润来源，有效提高了酒店经营的收益。

⑥账务审核系统。账务审核系统是酒店的重要系统，是保障酒店营业收入统计正确的最后一道关卡。账务审核系统一般由财务部负责，通过对前台、后台的应收账款进行审核，对各个收银员的入账信息进行审核，可以及时发现一些错误，保证酒店统计数据的准确性。酒店业传统的操作都是由夜审员先借助财务审核系统来完成对当天数据的核对，然后再进行夜审，由此产生当天的营业报表。

⑦餐饮系统。餐饮系统是前线管理系统中相对独立的一个应用系统，主要完成餐饮的预订、点单、打印账单、结账等工作。近几年，随着餐饮业的蓬勃发展，餐饮系统的发展很快。从计算机处理，发展到电子触摸屏自助点单，再发展到手机扫二维码点单。所有的餐单信息都可以通过无线网络实时传输到厨房、收银台。餐厅服务员不需要在厨房和餐厅之间穿梭了，客人点菜、催菜等都可以通过服务员手中的无线智能点菜系统实现传输。

⑧报表管理系统。报表管理系统可以提供各个管理岗位所需要的报表。报表管理系统包含了所有关键的管理报表，能够生成各式各样的报表，统计酒店的营收情况，使酒店管理层能够及时获取重要的财务信息，并掌握客房入住率、平均房价和各部门收入等基本信息。常见报表有入住客人报表、团队报表、客房布置情况报表、营业日报表等。

⑨宴会销售系统。宴会销售系统是许多国际高星级酒店会选择使用的系统。宴会销售系统主要是为了需求多、服务程序多的宴会服务的。与前台收银系统、客房管理系统不同的是，宴会销售系统的主要服务对象是企业客户，而不是个体的客人。企业的商务客户和会议客户是酒店稳定收入来源之一，他们不仅可以提高酒店的入住率，也可以给餐饮、康乐等部门带来可观的收入。宴会销售系统可以有效管理宴会客户，包括客户所在的地区、行业、潜在消费能力、消费预算、企业差旅标准等，特别是企业客户档案数据的建立，不仅可以使酒店内部销售人员随时了解客户相关资讯，掌握销售的主动权，也可以为管理信息系统实现智能化辅助销售提供依据。

（2）酒店后线管理系统

后线部门是与前线部门相对的，主要是为前线部门服务客户提供支持工作，以及提供相关的保障。这些后线部门使用的软件称为“后线管理系统”。酒店后线管理系统需要与前线业务紧密结合，在管理的深层次上实现对业务流的控制与动态分析，从而使管理更加顺畅和严谨，使酒店提高经营利润、降低成本真正成为可能。酒店后线管理系统主要包括财务管理系统、人力资源管理系统、办公自动化（OA）系统、库存管理与采购系统、工程设备管理系统、成本分析系统、安保管理系统等。

①财务管理系统。该系统主要用于处理酒店财务相关数据，一般包括应付账款处理、分类总账、固定资产管理、报表工具等模块。财务管理系统的数据与前线管理系统同步，以完成每日统计分析。财务管理系统存储的数据是酒店最重要的数据，必须有一套安全数据管理机制，并且一定要有灾难恢复功能，以保证整个系统运行的数据安全。

②人力资源管理系统。该系统的主要功能有个人档案管理、组织岗位管理、合同管理、工资管理、绩效管理、考勤管理、报表等，主要是为了实现人力资源的开发和利用，有效地控制人工成本。其中，绩效管理是对员工的绩效指标进行设计、考查，并提供实施建议的系统；考勤管理主要完成员工的考勤工作，通过指纹识别等技术，智能识别员工的到岗情况，并且能够导出报表，减少人力资源部考勤统计工作量。

③办公自动化系统。酒店办公自动化系统的主要功能是提高酒店办公自动化水平和处理事务的效率、节约纸张能源。酒店每天需要处理大量的公文、信函、文件、报告等，各种统计报表需要上报，内部文件资料需要传递，办公自动化系统就是为解决这些工作的问题而设计的。利用办公自动化系统，可以实现办公事务的自动化管理，提高酒店行政事务的处理效率。

④库存管理与采购系统。该系统具有采购管理、库存管理、计划管理等功能，主要用于加强对采购和库存的控制。对于仓库管理员来说，只需要进行简单的单据录入工作，库存管理与采购系统就自动按照录入的单据进行商品分配，实现商品价格的记录、应付账款的记录、领用量及购入量的汇总、结存统计、计划完成统计、商品超限检查、积压物品进出统计等功能，将仓库管理员从烦琐的手工单据中解放出来。当库存低于警戒线时，库存管理与采购系统可以进行提醒，采购员通过该系统进行采购申报单填写，各级审批部门也在网络上进行层级批示，整个流程便于追踪控制。当物品送达时，在库存管理与采购系统中确定验收和入库，物品会自动转化为库存状态，这样大大减少了操作的重复性和工作量，同时也避免了作弊现象的发生。

⑤工程设备管理系统。该系统通过接口与前线各部门紧密结合，可以完成报修、派

工、维修、保养及验收等一系列工程部的日常工作，并与库存管理与采购系统连接完成设备管理与备件管理。工程部管理系统通过建立酒店各种设备的档案，记录其基本信息，如设备开箱记录、随机工具及备件明细、设备技术文件、调试记录、易损件明细、润滑明细、设备检修记录、故障记录等。工程部管理系统可以根据维修计划和保养周期提醒相关人员定期完成设备的日常维修和保养任务，可以根据库存量提醒及时补充库存备件以保证日常维修工作的正常进行。另外，工程部管理系统还可以根据部门、设备类型等统计分析维修费用及设备故障率。例如，前线部门发现设备存在问题时，直接在工程部管理系统中报修，当工程部受理报修时，该系统可以直接指定具体的维修工作人员，并且可以记录具体的维修记录和维修成本等，这样就可以有效检测工程设备的运行状况、故障发生频率、维修效率和维修成本等。同时，酒店通过设置设备的运行模式，可以很好地控制酒店运行的能源费用。

⑥成本分析系统。成本分析系统是介于前线管理信息系统及库存管理与采购系统之间的分析系统，根据前台的销售以及菜品定义的成本计算出各种原料的理论用量，从库存的领用及二级库的盘点中计算出各部门的真实用量，从而获得理论与实际的用料情况并形成分析报告。酒店通过对理论成本、真实成本的分析可以监督各部门的用料情况，从而减少浪费及意外损失；酒店还可以通过对销售额及理论毛利率的分析，得到前线部门的销售额情况，并及时调整产品定价；通过成本用量差异分析，酒店可以看出采购中是否存在产品质量低下等问题。

⑦安保管理系统。该系统实现对酒店安全的智能集中式管理，主要包括闭路电视监控系统、防盗报警系统、门禁控制系统、火灾报警系统、灭火系统等。闭路电视监控系统与防盗报警系统、门禁控制系统联动，能够根据需要自动把现场图像切换到指定的监视器上显示，并自动录像和复核图像。门禁控制系统主要实现酒店各个通道、出入口的监控，通过系统设置可以进行门禁授权管理，查看各通道口通行对象和通行时间、巡逻计划完成情况、防区报警情况等，并进行相应的实时控制。防盗报警系统主要用于重要区域，如收银处、财务室、贵重物品存放室、仓库、网络中心、数据中心等区域的安全防护。当出现强行入侵的情况时，防盗报警系统会产生报警信号，主机接收到报警信号时，会自动将相应区域的摄像机画面弹出到监视器上显示，同时硬盘录像主机对该摄像机进行实时录像。

（3）酒店电子商务系统

近年来，随着知识经济的发展和信息高速公路的建设，酒店电子商务已是当今酒店业发展的有力辅佐。通过电子商务系统连接国际互联网，酒店向全球多姿多彩、声情并茂地展示自己的风貌、特色，推销自己的客房和各种服务，并可以此组成酒店连锁业，组成战略联盟，以强劲灵活的营销手段向全球市场进军。电子商务可以向众多的客户提供面对面的营销方式；它开拓了市场的广度和深度，这些都是平常方式下的人力、物力所无法比拟的；它代表了最新和最有效的一种营销方式，为酒店开发客源市场带来了无限的商机。电子商务在酒店预订方面的主要应用有全球分销系统和中央预订系统，在酒店网络营销方面的主要应用有建设独立的酒店网站和利用旅游电子商务平台来开展酒店电子商务。

①全球分销系统。这是将酒店、航空公司、旅行社、汽车租赁等企业的计算机预订系统用互联网或专用网络连接在一起，形成一个能获取世界范围内旅游资源的销售系统，为该系统的使用者提供快捷、方便的信息查询和预订等服务。目前，有 50 多万家旅行社在使用 GDS。酒店、航空公司和旅行社在与 GDS 供应商签订协议后，可以在 GDS 平台上发布产品和服务信息，旅游中介公司、旅行社、航空代理售票点等与 GDS 供应商签订协议后，可获得在 GDS 上查询酒店客房供应情况和价格、机票座位数及价格的许可并进行在线交易，如查询某个飞机航班的座位情况及价格。GDS 运营中依靠智能转换器（Smart Switch）将预订业务转换成不同网络所需的数据格式，实现在不同预订系统上共享数据。GDS 对酒店房态、开房率等私有数据提供安全机制，保护酒店的数据不外泄。近年来，互联网和信息技术的迅猛发展，使得酒店建立自己的网站的计算机硬件和软件的价格不断下降，促进了酒店、航空等企业在自己网站上开展预订业务，减少了使用 GDS 的次数，节约了 GDS 的交易费。同时，为酒店、航空公司提供预订业务的旅游网站也对 GDS 产生了巨大的冲击。这些都会使 GDS 的业务量减少。

②中央预订系统。中央预订系统分为会员制和非会员制两种类型。一般酒店集团或连锁酒店会采用会员制中央预订系统，一个中央预订系统可以帮助酒店集团或连锁酒店同时管理下属的上千家酒店的客房、价格和预订业务。酒店集团或连锁酒店通常会设置预订中心来统一提供预订服务。预订中心的预订员可以在中央预订系统上查询旗下所有酒店的价格和房间预订的情况，为客人提供预订服务。中央预订中心、全球分销系统、第三方酒店预订系统连接成一个整体，各方的预订都将汇集到中央预订系统。酒店集团或连锁酒店的中央预订中心通过接口与下属酒店预订系统相连，进行数据交换，具有以下功能：统一对外销售客房；自动更新可用房状态；统一管理客人信息档案并提供客户关系管理；按收益管理所定的策略控制整个酒店集团或连锁酒店的客房价格；实现对不同酒店、不同时段、不同房型的多级房价管理；产生集中佣金报表；保证金/退款账务操作；等等。例如，中央预订系统通过与下属酒店预订系统互联，将客房销售限制条件的变化传送到下属酒店预订系统，实时同步更新价格、房间数量，共享预订信息，酒店可方便地下载预订信息供前厅人员办理客人入住登记等。

非会员制中央预订系统是将众多签约的单体酒店组织在一起，提供统一的酒店营销和预订，使这些单体酒店也能享受只有酒店集团或连锁酒店才能实现的统一宣传、统一销售和统一预订的功能。签约的单体酒店负责向中央预订系统提供准确的可用房数据，并随时更新。非会员制的中央预订系统一般只能简单地以房态为基础，房间类型也只能简单地分为“开”或“关”来表示是否可以接受预订，不能像会员制的中央预订系统那样以房间类型和房费的多级价格目录为基础，只能在一定限度上实现酒店潜在收入和住房率的最大化。

③建立独立的酒店网站开展电子商务。随着信息技术和互联网的飞速发展以及计算机软硬件价格的不断降低，许多酒店，尤其是单体酒店越来越注重创建自己的网站。自建网站的开展是酒店网络营销的基础，它促进了酒店品牌推广、产品与服务展示、信息发布、网上预订、顾客服务等电子商务活动的开展。酒店自建网站所提供的网上预订，实际上是一种企业对顾客（B2C）服务。酒店直接面向客人，为酒店开展客户关系管理、深入挖掘有价值的客户创造了有利的条件。虽然自建网站的预订业务不能完全替代全球分销系统和中央预订系统，但在很大程度上可以降低全球分销系统和中央预订系统所带来的交易成本。

酒店自建网站所带来的益处是显而易见的，即通过网站推广来提升酒店形象。酒店建立自己的网站并不能马上使酒店的销售业绩上升，其初始作用更类似于酒店在报刊、电视上所做的宣传，不同之处在于酒店网站容量更大、成本更低，酒店可以将想要对外发布的信息都放入网站，如图片、文字、视频等，然后借助各种广告宣传酒店的网址，吸引客户访问网址的内容，达到提高酒店知名度的目的。利用网络的双向性和多媒体功能加强酒店的广告宣传。传统媒体的信息传递是单向的且信息量有限，广告受众只能被动地接收信息。而网络的信息传递是双向的且内容丰富，网站能够利用文字、图片、动画等多媒体手段来宣传自己的产品，并可在最短的时间内更新内容，为酒店的广告宣传开辟了新的渠道。

通过信息发布系统、预订系统和支付系统实现电子商务功能，以达到酒店提高预订率和降低交易成本的目的。酒店利用网络互动功能，能够服务老客户并争取新客户。互联网的开放性，使得客户可以主动地找到酒店网站，只要酒店能够利用网络营销手段将酒店网址推介出去，就能使潜在的客户很容易地找到酒店网站，为酒店争取新客户带来了便利条件。同时酒店网站还可以提高对老客户的服务质量，通过在线咨询、网站论坛、调查问卷、电子邮件等手段，既可以回答大多数客户关心的问题，又可以得到大量的客户反馈意见和建议，有效地提高了客户满意度，也为酒店开展客户关系管理打下良好的基础。通过互联网最大限度地获取市场动态信息，有助于酒店对市场进行细分和设计出独特的产品，扩大产品差异性。通过与其他酒店、航空公司、汽车租赁公司、豪华邮轮、旅游景点，文艺、体育和娱乐公司等企业的相互链接，实现网上数字联盟，共同提升销售业绩。

酒店自建网站的过程中，很重要的一个环节就是网络营销，它可以帮助酒店提高知名度、扩大客户群、提供个性化服务、增加销售额、提升客户满意度，进而提高酒店的竞争力。酒店网站通过搜索引擎优化、网站资源合作、网络广告、许可电子邮件营销、微博营销、微信公众号营销、会员制营销等网络营销手段促进酒店网站的推广和酒店业务的拓展。

④借助旅游电子商务平台开展酒店电子商务。中小型酒店由于资金和技术力量的限制，自己建立和维护网站有一定的困难，可以借助第三方旅游电子商务平台来发布信息和开展预订业务。这种营销业务外包模式能有效弥补酒店营销能力的不足，降低营销成本，提高入住率。

旅游电子商务平台通常由专业的网络公司建设和运营，它们拥有强大的客户数据库和大量的潜在市场信息，会在不同地区甚至不同国家设立办事处，开展有针对性的促销活动。近年来，越来越多的酒店意识到第三方旅游电子商务平台能为酒店的销售带来更多的客户，在销售客房方面具有很大的优势。旅游电子商务平台所提供的预订服务，实际上是一种 B2B2C 的销售模式，即酒店—旅游电子商务平台—客人的销售模式，酒店不需要单独开发预订系统。酒店利用旅游电子商务平台的优点包括：无须投入大量资金创建和推广网站，也不需要高薪聘请维护网站的技术人员，只需购置最基本的联网设备，将酒店的信息上传到旅游电子商务平台，就可以发布信息；酒店选择了具有很高知名度的旅游电子商务平台，也就选择了一条成功的销售渠道，这是由于这种平台已经拥有很大的客户群，其访问量和预订量都非常高，并且拥有一支专业的网络营销队伍，能有效地提高酒店的销售水平；费用低，酒店只需要交纳年金和佣金，还可以参加旅游电子商务平台推出的营销活动，吸引更多的客户。其缺点是平台上的信息较多，中小型酒店很难受到重点关注，而且由于平台规定了酒店发布信息的标准格式，难以体现酒店个性化信息。

酒店与旅游电子商务平台运营公司之间的销售模式通常有两种。第一种是零售模式。这种模式是酒店拿出一定数量的客房给运营公司经销，运营公司可在酒店规定的底价上，提高一定百分比价格向市场出售，当售出一间客房时，运营公司把酒店规定的底价付给酒店，留下提高的部分作为自己的收入。第二种是代销模式。这种模式指的是酒店拿出一定数量的客房给运营公司代销，客房价格由酒店决定，酒店通常会给运营公司 10%~15%的佣金。两种模式相比，代销模式的好处是酒店完全掌握客房的定价权，使得同类客房无论通过什么渠道，其价格都保持一致，有助于维护酒店的整体形象。零售模式的好处是电子商务平台运营公司有一定的自主权和积极性。酒店一般愿意采用代销模式，但在市场需求较低时，酒店为了降低客房的空置率，也会采取零售模式，给出底价，给电子商务平台运营公司决定销售价格的权利，调动它们销售的积极性。

（三）酒店管理决策与酒店决策支持系统

1. 酒店管理决策的概念

决策是人们在改造客观世界的过程中为实现主观目的而进行策略或方案选择的一种行为。在企业管理中，存在着许多决策问题，其范围很广，如销售计划的确定、政策制度的制定、系统目标的确立、投资规划的设计、发展战略的筹划等都是决策。

酒店管理决策，是指酒店管理决策者根据其掌握的知识、信息、经验等，遵守决策的原则，采用科学的方法，确定酒店未来的目标，在两个以上备选方案中选择一个合理方案的分析判断过程。

2. 酒店管理决策的阶段

决策过程实际上就是管理者对问题作答和执行所选方案的过程，主要包括信息收集、方案设计、方案选择和方案实施四个阶段，各个阶段所要做的工作如下。

（1）信息收集阶段

信息收集阶段主要是认识和确定潜在的困难和机会。该阶段也被称为“决策诊断阶段”，它包括发现那些需要引起注意的征兆并加以解释，如客人对酒店客房的期望值、酒店自助餐的合理定价等。

（2）方案设计阶段

方案设计阶段是确定问题解答的所有可选择的方案。例如，为了提高客人对酒店服务质量的满意度而设计出各种可能的解决方案，该阶段要尽可能地找出所有可能的解决方案。

（3）方案选择阶段

方案选择阶段是对方案设计阶段所提出的每种方案进行评价，找出每种方案的优缺点，并对它们可能出现的实施结果进行评估，然后从中选择出一个最优的方案。最优方案是由多种因素来决定的，如时间、成本、人力资源等因素。这个阶段是决策的重要阶段，方案的执行策略也是在此阶段做出的。

（4）方案实施阶段

方案实施阶段要实施选中的方案，评审实施的结果，并做出必要的调整。在实施方案的过程中，要根据实施的阶段性结果对其进行及时调整，尤其对复杂问题的解决或问题所处的环境变化更应如此。

在决策过程中，四个阶段并不一定是线性排列的，有可能在决策的某一阶段发现需要返回到前面的阶段才能解决问题。例如，在方案选择阶段选定一个方案后，发现可能在设计阶段遗漏了另一个可能的方案，于是需要回到方案设计阶段，将这个新发现的方案加入其中，然后再回到方案选择阶段，比较这个新方案和以前其他方案的优劣。

3. 决策支持系统

决策支持系统是指以信息技术为手段，应用决策科学和有关学科的理论和方法，综合利用大量管理数据和众多数学模型，通过人机交互，为决策者提供决策所需要的数据、信息和背景资料，并对各种方案进行分析、比较、评价、判断和优选，辅助各级决策者实现科学、正确的决策。

早期的决策支持系统大多是模型导向型，这类系统一般是独立开发的，其分析能力主要基于模型，通过人机对话系统使模型易于使用。随着数据仓库、数据挖掘技术、神经网络的不断进步，决策支持系统向数据导向型发展，其所分析的数据既来源于企业，又来源于互联网，它通过在大量信息中提取和加工出对决策有价值的信息来辅助决策。具体来说，数据导向型决策支持系统通过数据仓库对作业层产生的数据和在网络上收集的有用数据进行存储，并利用联机分析处理技术来分析信息以及利用数据挖掘、联机分析挖掘等技术从大量的数据源中分析信息，最后得到有价值的信息来支持决策。其中，数据挖掘技术比联机分析处理技术更能找到相对价值高的信息。

（1）联机分析处理

联机分析处理是在多维数据库上进行多维分析的技术，包括多维型（MOLAP）和关系型（ROLAP）。多维型是按主题定义的联机分析处理所要的数据，生成多维立方体并存放在多维数据库中，同时通过计算生成一些汇总值；当用户提出需求时，系统不是从数据仓库中提取数据，而是从多维立方体中得到数据，这大大缩短了用户的响应时间。但多维立方体会增大数据的存储空间，而且也不可能存储大量的细节数据，所以分析的粒度较粗。关系型不生成多维立方体，只存放数据模型与数据仓库之间的映射关系；在做多维分析时，根据定义的模型从数据仓库中抽取数据后进行实时分析。其优点是数据只存储一次，节省了存储空间，并且分析的粒度较细、灵活性较强，可以进行多因素分析预测。其缺点是用户响应速度较慢，但在计算机运算和网络不断提速的情况下，此缺点会越来越不明显。

（2）数据挖掘

在当今信息大爆炸的时代，最困扰人们的一个问题就是如何在信息的汪洋大海中发现有用的知识。在此背景下，数据挖掘技术应运而生。数据挖掘是从大量的数据中抽取有效的、未知的、综合的、活动的信息，并且用其辅助决策的过程。数据挖掘主要有以下五种功能。

①分类。分类是根据现有的数据类别，推出一套规则来描述数据库中的数据类型。例如，酒店想留住老客户，分类可以帮助酒店找出可能失去的客户的特征，建立一个判别函数帮助酒店管理者预测哪些是将要失去的客户，酒店可提前采取措施留住他们。

②聚类。聚类是对数据库中的数据，依据事物的数值特征进行分类，是数值分类学和多元统计技术结合的结果。例如，对酒店客户的需求进行聚类分析，可以帮助酒店对市场进行细分并制定不同的价格政策来提高酒店收益。

③预测。预测是在数据库中自动寻找预测性信息，直接由预测信息本身得出结论。通常利用历史数据，借助预测模型来进行预测。例如，当酒店存有一年以上的运营历史数据后，可以利用预测模型和数据来对酒店的房价进行预测，制定动态的客房价格体系来指导房价。

④关联分析。当数据库中两个以上的变量的取值之间存在某种规律性时，就称为变量之间存在关联。具体来说就是利用关联规则分析数据或记录数据之间的关系，决定哪些事情将一起发生。例如，预订客房的客户中有60%同时预订自助餐，可以利用这个结果来做好有针对性的营销工作。

⑤序列。序列与关联规则相似，它增加了时间的属性，把数据间的关联性与时间联系起来。例如，如果客户入住酒店后满意度高并给予好评，在半年内有65%的可能性会成为回头客，在一年内有75%的可能性会将酒店推荐给亲朋好友。

（3）联机分析挖掘

联机分析处理是在建立一系列假设的基础上，通过联机分析处理来证实或推翻这些假设得出结论，其本质是一个演绎推理的过程。数据挖掘不是验证某个假定的模式或模型的正确性，而是在大量数据中自动寻找模型，其本质是一个归纳的过程。前者建立在多维视图的基础上，强调对用户请求的响应速度，数据一般来源于数据仓库；后者建立在各种数据源的基础上，重在挖掘隐藏在数据中的深层次的高价值信息，一般不过多考虑用户请求的响应速度。将二者结合在一起就形成了联机分析挖掘技术。这种技术的特点是既有联机分析处理的在线性、灵活性，又有数据挖掘对数据处理的深入性，是目前分析数据和提供决策支持的发展方向。

4. 酒店决策支持系统的概念

在现代酒店经营的组织、控制和协调等环节中，都存在着如何做出合理决策的问题，如服务承诺决策、原材料采购决策、市场营销决策、价格定位决策、人力资源管理决策、投资决策、财务规划决策、酒店企业形象规划决策等。在信息社会里，这些管理决策行为光靠人本身的智慧和判断力已经很难完成，必须借助计算机这个科学工具。

酒店决策支持系统就是专门应用于酒店管理决策的系统。它提供了一种高效的辅助手段，帮助酒店高层管理人员进行决策，为酒店的经营管理服务；它能够将计算机的加工信息能力与信息化酒店决策者的思维、判断能力结合起来，从而可以解决更为复杂的决策问题。

5. 酒店决策支持系统的功能

在整个现代酒店的决策过程中，无论是在范围上还是在能力上，酒店决策支持系统都是酒店管理人员大脑的延伸，它帮助管理人员提高决策的有效性。但是，需要指出的是，酒店决策支持系统只能起到“支持”作用而不能起到“代替”作用，因此，它只是由酒店管理人员控制的一个辅助决策的工具。在现实中，半结构化的决策问题在酒店业中大量存在，这正是酒店决策支持系统能够充分发挥作用的场所。总体来讲，酒店决策支持系统应当具备以下功能。

（1）便于操作

酒店管理人员很少有人是计算机技术人员，他们对计算机的工作原理和相关技术不是十分了解。因此，酒店决策支持系统必须便于操作和使用，能够通过人机对话方式来支持酒店管理人员进行决策。

（2）语言系统具备表达、识别、记忆和理解等功能

语言系统是信息化酒店管理人员和酒店决策支持系统对话的工具，为了实现人机交互的方便性，要求其必须具备表达、识别、记忆和理解等功能。

（3）知识系统内容丰富

知识系统是酒店决策支持系统必须具备的功能。酒店决策支持系统的许多功能都来自对酒店业领域知识的处理，这些知识通常是酒店决策者没有时间收集的信息，而这些信息对于酒店的合理决策是非常重要的。酒店决策支持系统中的知识系统必须以一种有组织的方式保存，并且要构造相应的操作规则，以便使酒店决策支持系统更好地发挥作用。

（4）问题处理系统应灵活

酒店决策支持系统的问题处理系统是信息传递和处理的主要环节，是保证信息输出能

够为决策者提供帮助的核心部分，是酒店决策支持系统的职能所在，是酒店决策支持系统中最为关键的部分之一，它的灵活性将直接影响决策的正确性。

（5）要有数量众多的管理模型

有效的酒店决策支持系统需要有众多的管理模型作为支持，这些管理模型能够根据酒店所处的环境反映信息化酒店所面临的客观问题，并给出多个解决方案，以供决策者进行比较、选择。

二、酒店安全管理

（一）酒店安全的定义

酒店安全主要指的是酒店在经营与管理的过程中，各相关主体一切安全现象的总称。酒店安全既包括酒店经营与管理活动中各个环节的安全现象，也包括酒店经营与管理活动中涉及人、设备、环境等相关主体的安全现象。酒店安全既包括人身安全，也包括财产安全；酒店安全既关注住店客人的安全，也关注酒店员工与酒店财产的安全。

酒店安全管理就是要尽早发现并及时消除可能导致上述安全威胁事故的因素，从而保障酒店经营与管理工作的顺利进行。

（二）酒店安全管理的特点

1. 复杂性

酒店属于公共场所，人流量大，安全管理涉及范围较广，涵盖了酒店的各个部门和各个工种。因此，酒店安全管理较为广泛和复杂，酒店安全管理既涉及人身安全、心理安全，也涉及财物安全、信息安全等，在不同类型的安全事件中，管理要求各不相同。

2. 服务性

酒店的安全管理工作，不同于其他企事业单位的安全保卫工作，既要做到保护好酒店客人与员工，又要做好对客服务，因此必须注意安全工作：在形式上应适应环境，表现自然；思想上保持高度警惕，防范各种安全隐患；在处理客人安全问题时，既要做到按规章制度办事，又要做到服务态度友善、谈吐礼貌、举止得体。

3. 政策性

酒店的安全管理，不仅涉及了酒店内部的规章制度，还涉及我国的法律法规、民族政策以及一些国际法律。因此，在进行酒店安全管理工作时，既要不违背我国的法律法规，又要注意内外有别，按照国际管理惯例行事。此外，酒店安全管理人员只有熟悉法律法规以及外交、侨务、宗教、民族等相关政策，才能更好地处理各种安全问题。

4. 全员性

酒店的安全工作涉及酒店各个部门与区域，因此，酒店安全管理不仅是安全部门的事情，还需要酒店全体员工的重视和参与。只有群防群治，每个员工都树立起安全观念，才能真正把安全工作落到实处。

5. 预防性

酒店安全管理工作应体现预防为主的工作方针。因此，酒店应建立健全各项安全规章制度，增强全员的安全防范意识，并开展安全知识培训和技能训练，以预防和制止各种可能出现的不安全因素，并提高安全事故发生时的快速反应和处理能力。

（三）酒店安全管理工作

酒店安全管理工作的主要目的是防止安全事故的发生，采取措施减少安全事故造成的危害，并尽快使酒店运营恢复正常。因此，酒店管理者可以从以下五个方面开展酒店安全工作。

1. 树立安全意识与理念

酒店员工树立安全意识与理念是酒店顺利开展安全管理工作的基础。因此，酒店必须将安全意识与理念融入企业文化建设中，让全体员工树立“安全第一”的思想，让每一位员工认识到安全是酒店开展各项经营与管理活动的基础，将安全工作落到实处。

2. 开展安全工作培训

除了让员工树立安全意识与理念外，酒店还应实施全员、全过程的安全管理培训。员工应聘时，人力资源部与相关部门就应考察员工的安全意识与理念，这是酒店安全经营与管理的第一道关。员工入职培训时，安全管理培训也是必不可少的重要内容，让员工了解安全管理的重要性，并让员工掌握消防、失窃、重病等安全事件的处理方法。员工入职后，各部门也应定时开展安全培训工作。

3. 了解安全问题产生的因素

酒店管理者应充分了解酒店行业的特点以及本酒店的实际情况，关注酒店经营与管理中常见的安全问题，并了解安全问题产生的原因。例如，酒店常见的火灾、电梯事故、失窃、卫生等安全问题，在不同的酒店区域，其发生的原因可能会各不相同。因此，酒店管理者只有掌握了酒店安全问题产生的原因、特征和规律，才能真正做到有的放矢，有备无患。

4. 掌握安全事故的处理方法

酒店应制订地震、火灾、食品卫生、公共卫生、治安事件、设施设备等安全事故处理的应急预案，并根据各项应急预案，对全体员工开展培训工作，让全体员工掌握各种安全事故的处理方法。一旦酒店发生安全事故，员工就可以有条不紊地面对和处理。

5. 做好卫生防疫工作

酒店的卫生防疫工作指的是预防食物中毒和疾病传染，这也是酒店安全管理的重要内容。人们活动范围不断扩大，交往日益频繁，给一些传染疾病的传播创造了更多的机会。近年来，在全球暴发的高致病性流感、新冠病毒等传染性疾病，使得公共卫生成为一个全球性的共同话题。因此，酒店在经营管理的过程中，必须认真做好卫生防疫工作，使顾客在酒店可以放心消费。同时，酒店还应配合卫生防疫部门做好疑似病人的隔离与防控工作。

第六章　酒店其他管理及创新

第一节　酒店伦理与职业道德管理

一、酒店伦理管理

（一）企业伦理观与价值观

1. 企业伦理观

溯本追源，我们大体可以了解到伦理原意为风尚和习俗，后来发展成调整人与人之间、个人与社会之间各种关系的一种特殊行为规范的代名词，而与道德则几乎成了同义词，引申其义，伦理观，即道德观，就是对于调整人们相互关系的行为原则和规范的总的根本性的看法。

伦理、伦理观是社会意识形态之一，它以善和恶、正义和非正义、公正和偏私、诚实和虚伪等道德概念评价人们的各种行为和调整人们之间的关系；通过各种形式的教育和社会舆论力量，使人们逐步形成一定的信念、习惯传统而发生作用。伦理和伦理观，由一定社会的经济基础所决定，并为一定的社会经济基础服务，永恒不变的，适应一切时代、一切阶级的伦理和伦理观是没有的。那么，什么是企业伦理观呢？企业伦理观就是对调整企业与职工之间关系的行为准则和规范总的看法，是一般伦理观在企业中的具体运用，它是一种企业意识，其核心是企业价值观。

企业伦理观是企业经营管理理论和生产经营实践的必然产物。在激烈的市场竞争中，企业为了求生存求发展并使之充满生机和活力，除了要有一套适应市场经济的经营机制、激励机制、约束机制之外，还必须对企业的道德行为进行规范。企业伦理（道德）观，反映的就正是一定企业环境对人们道德行为提出的客观要求，它从总体上告诫和规范人们应该这样做而不能那样做。

企业伦理观是企业价值观、企业精神的载体，受价值观、企业精神所支配，是一种非制度化的规范和意志，是一种不具强制性的行为规范和意识，具有广泛的适应性。企业伦理观基本内容如下：为民服务观；企业义务观和责任感；国家、企业和个人三者利益有机统一的企业义务观；自觉的生态的环保观；诚信无欺的等价交换平等观；时间就是金钱，效率就是生命的效率观和效益观；团结、互助、友爱精神。

2. 企业价值观

我们要了解企业价值观的内涵、基本特征、地位和作用，以及构塑等问题，首先要明白什么是价值观。所谓价值观就是价值主体对价值客体的总的根本性的看法。主体和客体是一对相对的认识论范畴，是实践和认识活动的两极。主体客体之间最基本的关系是实践和认识的关系。价值观包含了对价值问题的具体见解看法和基本观点，是一个长期形成的价值观念体系。对企业来讲，价值观为企业生存和发展提供了基本方向和行动指南，它是企业领导者和员工追求的最大目标及据以判断事物的标准。因此，企业价值观含义指的是企业领导者和员工群众对企业价值和人生价值的根本观点，由此形成他们的理想、信念、追求、宗旨和目标，成为支配他们生产、经营、管理等一切活动的总原则。

企业价值的基本特征：企业价值观的直接经济性；企业价值观的稳定性；企业价值观的规范性；企业价值观的非理性色彩。

企业价值观在企业文化中非常重要。

第一，企业价值观是现代企业经营的“金科玉律”，是引导企业经营走上成功之路的航标。

第二，企业价值观的功能与企业文化目的是一致的。我们知道培育企业文化的根本目的是要营造一种自主管理、和亲一致的气氛，提供有意义的生活和工作场所，促使员工以高昂士气投入组织的各种营运。企业价值观可以通过其导向、规范、促进、调适、凝聚功用，创造良好和谐的人际和文化氛围，培育企业价值观自身积极向上的意义，使员工把维护企业利益，促使企业发展看作最有意义的工作，从而激发出极大的劳动热情和工作主动性、创造性，加强企业的适应能力和内部协调能力。可见企业文化目的的实现最终离不开企业员工价值观念的转变。企业价值观是企业文化目的得以实现的关键。企业价值观的功能与企业文化目的是一致的，所以企业文化建设始终把方向对准企业价值观这一内核。

第三，企业价值观在企业文化诸要素中处于主导和支配地位。企业文化的构成要素至少包括企业价值观、宗旨、信念、文化活动、形象、行为规范、道标准等。

塑造企业价值观是一项内容浩繁的系统工程。内容包括企业价值意识的生成，企业价值观念的强化，企业价值观的追求以及企业群体人格、企业英模人物的塑造等。

企业价值观塑造总的来说要注意结合各企业文化工程（如福利工程、心理工程）的实施，结合培育企业精神的开展，着重抓好以下五项工作。

一是要处理好对传统扬弃和新观念创造的关系。

二是要注意选择好企业价值观塑造的生长点和闪光点。

三是要坚持以人为本，注意做好员工价值观和企业价值观的内在统一。只有坚持以人为本——重视人的地位、人的价值、尊重人格，才能使员工的价值观与企业价值观达到内在统一。为此，在企业价值观塑造过程中，应开辟各种途径，帮助员工认识自我价值和企业价值的关系，把自己的追求与企业、国家人类的目标统一起来，把自己的价值自觉融合于企业价值之内，共同促进企业、社会、国家的发展和繁荣。

（二）酒店伦理管理的内涵

酒店伦理管理是指基于社会普遍伦理需要以及社会伦理文化环境，确立酒店在管理理念、管理制度、管理决策、管理举措各方面的伦理道德规范。伦理学最早运用于酒店行业是对酒店宾主关系的研究。酒店是消费者的“家外之家”，顾客的消费体验并不仅仅依赖酒店产品本身。顾客对酒店的评价以感知为基本方式，经由酒店员工提供的服务获得精神满足，因此酒店从业人员是消费者体验的直接创造者。酒店伦理管理的产生源自对酒店劳动者主体作用的重视。应用伦理学认为伦理管理活动的决定性因素是人的心智而非技术。如何在酒店管理的经济意义中体现诸如人类道德感、尊严感、精神追求等自由伦理意志，是酒店伦理管理的核心问题。

二、酒店职业道德管理

（一）酒店职业道德的内涵

职业道德是指从事一定职业的人们，在职业生活中所应遵守的道德规范，以及与之相应的道德观念、情操和品格。职业道德，一方面调整职业内部人们之间的关系，要求每个从业人员遵守职业道德准则，搞好本职工作；另一方面调节本职业的人们同其他职业的从业人员和社会上其他人们之间的关系，以维护各职业的存在，并促进其职业及整个社会向前发展。社会上有多少种职业，就有多少种职业道德。在任何时候，职业道德都是社会一般道德的特殊表现，是当时社会或阶级的道德在各种职业生活中的具体贯彻和特殊表达。

职业道德随着社会分工的出现而形成，同时也随着分工的发展而发展。

酒店职业道德即指从事酒店服务与管理工作的人们在职业生活中所应遵守的道德规范，以及与之相适应的道德观念、情操和品格。

（二）酒店职业道德管理的具体要求

1. 爱岗敬业

爱岗敬业是爱岗与敬业的总称。爱岗是职业工作者对自己工作岗位的热爱，安心从事本职工作，有强烈的使命感和责任感，并能稳定、持久、恪尽职守地做好服务工作。

敬业是指职业工作者认识到本职工作的道德价值和社会意义，具有从事本职工作的荣誉感和自豪感，从而专心致志、兢兢业业地从事服务工作。

爱岗与敬业之间有着密切的关系。爱岗是敬业的基础，敬业是爱岗的升华。爱岗与敬业互为前提，相辅相成。爱岗敬业是职业工作者职业道德规范的重要内容之一，是处理个体与职业之间关系的准则。

2. 遵纪守法、廉洁奉公

行政、法律规范带有强制性的要求，违法经营和服务项目的提供者必将受到法律的追究和制裁。道德规范是一种自觉性的要求，违背道德要求的经营行为和服务项目，也会受到社会舆论的谴责。这一规范要求员工遵守业已确立了的行业秩序，执行命令和履行自己的职责，包括法律规定的有关纪律、制度，以及行业和企业本身的规章制度、规程和奖惩措施，一心为公、秉公办事，在处理国家、集体与个人三者之间关系时，将国家与集体的利益放在首位，不徇私舞弊、贪污腐化、索拿回扣等。

3. 热情礼貌、优质服务

这一条要求我们必须树立顾客第一的观念，强化服务意识；必须不断地提高自己的服务能力，包括丰富的专业知识、娴熟的服务技能、良好的服务修养；必须热爱和尊重客人；要求员工关心、帮助服务对象，尽可能满足他们的服务需求。总之，要求以客人为中心，记住三条座右铭：客人就是上帝；客人永远都是对的；永远不要对客人说“不”。并且按照国际上对于“SERVICE”（服务）一词的内涵要求，做到主动、热情、细心、周到。

第二节　酒店企业文化管理及创新

一、文化

（一）文化的定义

对于普通人来说，文化与人就可以比作水与鱼的关系，文化是一种平时都可以使用到却不知道的客观存在。对于研究者来说，文化是一种容易被感知到、却不容易把握的概念。

文化不仅反映的是社会存在，其本身还是一种行为、价值观、社会方式等的解释与整合，是人与自然、社会、自身关系的呈现。

（二）文化的分类

1. 交际文化与知识文化

文化和交际总是被放到一起来讨论，文化在交际中有着无可替代的地位，并对交际的影响最大，因此有学者将文化分为交际文化和知识文化。

那些对跨文化交际直接起作用的文化就是交际文化，而那些对跨文化交际没有直接作用的文化就是知识文化，包括文化实物、艺术品、文物古迹等物质形式的文化。

学者们常常将关注点放在交际文化上，而对知识文化进行的研究较少。交际文化又分为外显交际文化和内隐交际文化。外显交际文化主要是关于衣食住行的文化，是表现出来的；内隐交际文化是关于思维和价值观的文化，不易察觉。

2. 物质文化、制度文化与精神文化

人从出生开始就离不开物质的支撑，物质是满足人类基本生存需要的必需品。物质文化就是人类在社会实践中创造的有关文化的物质产品。物质文化是用来满足人类的生存需要的，为了让人类更好地在当前的环境中生存下去，是文化的基础部分。

人是高级动物，会在生存的环境中通过合作和竞争来建立一个社会组织。这也是人与动物相区别的地方。人类创建制度，归根结底还是为自己服务的，但同时也对自己有所约束。一个社会必然有着与社会性质相适应的制度，制度包含着各种规则、法律等，制度文化就是与此相关的文化。

人与动物的另一个本质区别就是人的思想性。人有大脑，会思考，有意识。精神文化就是有关意识的文化，是一种无形的东西，构成了文化的精神内核。精神文化是人类在认识世界和改造世界的过程中挖掘出的一套思想理论，包括价值观、文学、哲学、道德、伦理、习俗、艺术、宗教信仰等，因此也称为“观念文化”。

3. 大众文化、深层文化与高层文化

人类文化相当于一个金字塔，金字塔底部的是大众文化，金字塔中间的是深层文化，金字塔顶部的是高层文化。

大众文化是普通大众在共同的生活环境下共同创造出来的一种生活方式、交际风格等。

深层文化是内隐的，对大众文化有着指导作用，包括思维和价值观等。

高层文化是指相对来说较为高雅的文化内涵，如哲学、历史、文学、艺术等。

4. 主文化与亚文化

文化一旦产生，就对生活在其中的人有着一定的规范作用和约束力。这是一种约定俗成的力量。一个社会中通常有多种文化，人们最终会按照哪一种文化规范来生活，就要看文化的支配地位了。因此，有人从文化的支配地位的视角，将文化分为主文化与亚文化。

所谓主文化，是在社会上占主导地位的，并被认为应该为人们所普遍接受的文化。主文化在共同体内被认为具有最充分的合理性和合法性。主文化具有三个属性：一是在权力支配关系中占主导地位，得到了权力的捍卫；二是在文化整体中是主要元素，这是在社会的更迭中形成的；三是对某个时期产生主要影响、代表时代主要趋势，这是时代的思想潮流决定的。

相对应地，亚文化是在社会中占附属地位的文化，它仅为社会上一部分成员所接受，或为某一社会群体所特有。亚文化也有两个属性：一是在文化权力关系中处于从属地位；二是在文化整体中次要的部分。虽然亚文化是与主文化相对应的一种文化，但是二者不是竞争和对抗的关系。值得注意的是，当一种亚文化在性质上发展到与主文化对立的时候，它就成了一种反文化。在一定条件下，文化与反文化还可以相互转化。文化不一定是积极的，反文化也不一定是消极的。

（三）文化的特征

1. 主体性

文化是客体的主体化，是主体发挥创造性的外化表现。文化具有主体性的特征主要源于人的主体性。所谓人的主体性，即人作为活动主体、实践主体等的质的规定性。人通过与客体进行交互，才能将其主体性展现出来，从而产生一种自觉性。一般来说，文化的主体性特征主要表现为如下两点。

（1）文化主体不仅具有目的性，还具有工具性。如前所述，由于文化是主体发挥创造性的外化表现，因此其必然会体现文化主体的目的性，只有这样才能促进人的全面发展。另外，文化也是人能够全面发展的工具，如果不存在文化，那么就无法谈及人的全面发展，因此这体现了文化的工具性。

（2）文化主体不仅具有生产性，还具有消费性。人们之所以进行生产，主要是为消费服务的，而人类对文化进行生产与创造，也是为了更好地进行消费。在这一过程中，对文化进行生产与创造属于手段，对文化进行消费属于目的。

2. 实践性

实践是人类对文化进行创造的自觉性、能动性的活动，而文化是人类进行实践的内在图式。简单来说，文化具有实践性特征，具体可以表现为两点。

（1）实践对文化起决定性作用。人类展开实践的手段与方式决定着文化的性质。在这些实践手段与方式中，物质生产方式居于基础地位。

（2）文化对实践有促进作用。这是因为实践往往是在某些特定文化中展开的，如果没有文化背景的融入，那么实践就会非常困难。另外，文化对实践的展开有着巨大的指导意义，也正是由于文化的指导，实践才能取得成功。

3. 历史性

文化具有历史性的特征，这是因为其将人类社会生活与价值观的变化过程动态地反映出来。也就是说，文化随着社会进步不断演进，也在不断地扬弃，即对既有文化进行批判、继承与改造。对于某一历史时期来说，这些文化是积极的、先进的，但是随着时代的发展，这些文化又可能失去其积极性、先进性，被先进的文化取代。

4. 社会性

文化具有社会性特征，这主要表现在如下两点。

（1）从自然上来说，文化是人们创造性活动的结果。如贝壳、冰块等自然物品经过雕琢会变成饰品、冰雕等。

（2）从人类行为来说，文化起着重要的规范作用。一个人生长于什么样的环境，其言谈举止就会有什么样的表现。另外，人们可以在文化的轨道中对各种处世规则进行把握，因此可以说人不仅是社会中的人，也是文化中的人。

5. 民族性

文化具有民族性特征。文化是特定群体和社会的所有成员共同接受和共享的，一般会以民族形式出现，具体通过一个民族使用共同的语言、遵守共同的风俗习惯，其所有成员具有共同的心理素质和性格体现出来。

总之，文化是人类社会历史实践过程中所创造的物质财富和精神财富的总和。一个成功的企业必须有一个强有力的企业文化支撑，没有文化意识的企业，如同丢失了灵魂的人，丧失了精神的民族。企业文化是现代企业支撑发展最本质的东西，随着市场的逐步规范和竞争的深化，所有竞争的方式、内容最终都将升华为企业文化的竞争。

二、企业文化

企业文化是一种微观文化现象，也是一种管理方式，还是一种管理理论。关于企业文化的概念，国内外众说纷纭，理解上有一定的差别，但他们都认为企业文化是一种重视人、以人为中心的企业管理方式，代表着企业管理理论发展的新阶段。企业文化决定着企业的生产效率，决定着企业的生命力，强调要通过文化的力量把企业建成一种人人都有责任感和使命感的命运共同体。因此，企业文化可作如下表述：企业文化是指在一定的社会大文化环境影响下，经过企业领导长期倡导和全体员工的积极认同、实践和创新，所形成的整体价值观念、信仰追求、道德规范、行为准则、经营特色、管理风格以及传统和习惯的总和。

三、酒店企业文化

酒店企业文化是指在一定的社会大文化环境影响下，酒店在经营管理活动中形成的具有本企业特色的整体价值观念、信仰追求、道德规范、行为准则、经营特色、管理风格以及传统和习惯的总和。作为一种特殊企业文化，酒店企业文化也有着自己的丰富内涵。

（一）酒店的整体价值观

酒店的整体价值观是酒店企业文化的核心，为酒店生存与发展提供精神支柱，也对员工行为起引导作用。在酒店的发展过程中，企业价值观的内容经历了最大利润价值观、经营管理价值观和企业社会互利价值观三次演变。早期的最大利润价值观是指酒店的全部管理决策和行动都围绕着如何获得最大利润这一标准来进行。经营管理价值观是指酒店除了尽可能地为投资者获利以外还非常注重酒店内部人员自身价值的实现。在当代，企业社会互利价值观要求在确定酒店利润水平时，把员工、酒店、社会的利益统筹起来考虑，不能失之偏颇。

酒店希望通过一切管理手段使酒店领导者的所有员工认同酒店的价值观，由此形成共同理想、信念、追求、宗旨和目标，增强酒店的合力。

（二）酒店的企业伦理道德

酒店是一个小社会，酒店内部存在着股东、管理者和普通员工相互之间的错综复杂的关系，酒店对外与社会公众也有多方面复杂的社会关系。要正确处理和协调好这些关系，促进酒店的健康发展，就必须有相应的企业伦理道德。

（三）酒店的企业形象

酒店的企业形象的内容相当广泛。主要的有以下六种。

1. 理念形象

理念形象反映了企业的价值观和企业精神，往往通过向社会公开昭示的企业精神、经营方针、服务宗旨、主打广告语等反映出来。成功的企业理念宣传能够为酒店树立一面鲜艳的旗帜，作为企业形象的象征深入人心。

2. 产品形象

产品形象是企业形象的物质基础。酒店出售给顾客的产品包括有形物品和无形服务两大类，酒店通过塑造良好的产品形象和服务，从而提高企业的美誉度和知名度。

3. 员工形象

员工形象指酒店劳动者的整体形象。企业是人的集合体，酒店又是劳动密集型企业，员工的形象直接影响企业的形象。酒店员工的形象好，可以增强社会公众对酒店的信任度，为酒店长期稳定发展打下牢固的基础。

4. 经营管理形象

经营管理形象是酒店的经营过程、经营方式、管理组织、管理制度、管理基础工作、经营成果与效益等在社会公众和员工中留下的总体印象。它是酒店实力的表现。

5. 公共关系形象

公共关系形象是酒店为了获得社会公众的信任和支持、求得自身事业的发展，创造最佳社会关系所进行的各种活动中树立的企业形象。现代酒店不仅是一个经济组织，而且也是一个社会组织，只有争取公众舆论的理解和支持，优化社会环境，才能求得生存与发展，公共关系已被现代企业视为一种无形资产，它与企业的资金、技术和人才并列，是企业发展的“四大支持”之一。

6. 环境形象

环境形象是一个酒店内外生产、生活条件的总体表现。环境形象能影响人的心理，对于酒店来说，为顾客提供一个“家外之家”的舒适环境；为员工提供一个愉悦舒畅的工作环境是至关重要的，它不仅会吸引消费者并且能够激发员工的积极性和创造性，获得意想不到的情感表述效果，从而使酒店形象大为增色。

中国加入世界贸易组织之后，我国酒店业面临着市场环境的转变、企业制度的转型、国外酒店集团的竞争等诸多问题。在这种情况下，酒店要对外坚持以顾客为主，扩大市场，树立良好的诚信形象，提高竞争力；对内坚持以员工为本，激发员工积极性、主动性和创造性，提高酒店凝聚力等。酒店只有培养现代企业价值观、塑造现代企业精神、建立新型企业的企业伦理道德、树立个性鲜明的企业形象，才能在未来竞争激烈的市场中立于不败之地。

四、酒店企业文化管理的创新

（一）树立以人为本的思想

酒店的竞争就是人才的竞争，人才是酒店生存和发展的核心。酒店的每一项服务工作都是靠人去完成的，酒店管理者要爱才、识才、容才，知人善任，人尽其才。酒店有了一流的人才，才能有一流的管理、一流的服务。以人为本的酒店企业文化强调以人为中心的管理，即尊重人、理解人、关心人、依靠人、发展人和服务人。员工是酒店文化的直接传播者，酒店通过有效的激励来充分发挥员工的主动性、积极性和创造性，激励员工的工作热情，用文化魅力的渗透和熏陶来营造具有文化品位的酒店气氛，使服务工作细致、周到、善解人意。同时，建立一套科学严谨、公平合理的员工考核和价值评价体系，建立员工教育和培训体系，建立合理的薪酬和福利管理制度，使员工在酒店中能获得更好的成长和发展机会，实现自身价值，同时也获得合理的回报和生活福利保障。创造出“事业留人、待遇留人、感情留人”的亲情化酒店文化氛围，让员工与酒店同步发展，让员工在酒店有“成就感”“家园感”。

（二）树立良好的酒店企业形象

良好的酒店整体形象，展示着企业成功的管理风格、良好的经营状况和高尚的精神风貌，能为酒店树立信誉，扩大影响，是酒店巨大的无形资产。

（三）打造绿色酒店

21世纪是环保的世纪，是绿色的世纪，当人们大举环保大旗的时候，有人对旅游业所有的“无烟工业”之美誉提出了疑问。统计数据显示，一家中档酒店每日经营所需能耗和废水的排放量与同规模的工矿企业相当。当今世界已进入绿色革命的环保时代，绿色酒店也因此应运而生。所谓“绿色酒店”，就是指运用环保健康理念、坚持绿色管理、倡导绿色消费、保护生态和合理使用资源的酒店，其核心是在为顾客提供符合环保、健康要求的绿色客房和绿色餐饮的基础上，在生产过程中加强对环境的保护和资源的合理利用。绿色酒店提倡的就是绿色经营与绿色管理。所谓绿色经营不外乎两点，一是减少一次性物品消耗，加强回收再利用；二是降低能耗，节约经费开支。而绿色管理则包括五方面的内容：绿色理念、绿色技术、绿色行为、绿色制度和绿色用品。

第三节　基于互联网思维的酒店管理模式及创新

一、基于互联网思维的酒店管理模式的两大转变

由于互联网对酒店经营环境和经营手段的重大影响，现代行为科学管理理论对经营管理的理念、经营思路越来越明显地起着支配的作用，从而导致了旅游酒店经营管理模式必须有根本性的转变。主要表现为两个方面。

（一）从制度型经营管理模式向人本型经营管理模式的转变

制度模式主要是“以工作为中心”或“以岗位为中心”，通过各种规范、规章制度、标准等对酒店进行有效的管理。这是一种金字塔式的管理组织形式，它提高了管理者的权威，有利于制度、法规的制定、执行和任务的完成，有利于管理者制定工作方针、计划、经营目标，在世界酒店业发展过程中功不可没。但它在强调管理者权威性及制度的强制性的同时却忽视了员工作为“人”自身的能动性、创造性和潜能的发挥，缺乏对员工主动性和创造性的引导，忽略了员工间的和谐团结对酒店经营的重大影响，制约了员工个性的发展。

人本型模式是以“人”为中心，通过员工自主管理、民主决策，确立团队精神、协作精神、主人翁意识等观念，充分发挥员工的主动性和潜能，管理者主要起宏观调控和监督

作用的一种经营管理模式。这一模式的实施必然要引起酒店组织结构、运作机制、工作程序等的重大变化，组织机构要更加精简，更有效能，对现代信息的传递与利用的要求越来越高。

（二）从“以财务为核心”的经营管理模式向“以现代营销为核心”的经营管理模式的转变

当今酒店要生存和发展就必须在经营观念、经营方式等方面来一个革新，必须把过去的以“理财”为重点的经营管理模式转到以“生财”为重点的经营管理模式上。无客源酒店什么都谈不上，也没有财可以理。酒店要有持续的丰富的客源，必须以现代营销学的理论与实践去开发客源，真正做到时时处处方便客人，处处时时为客人提供优质服务。必须了解市场、细分市场、选择目标市场，及时调整酒店产品与服务的组合，向公众不断沟通本酒店的服务特色、价格，以及做好即时的跟踪服务和各种信息反馈等，使来自四面八方的客人都十分满意，起到良性循环的经营作用。

二、“以网络营销为核心”的酒店经营模式

（一）在实现新思维方面可以得到突破

当今酒店经营管理的新思维集中概括为社会营销观念，即一切为了顾客，以最大限度地满足顾客需求为已任的酒店意识，全心全意、任劳怨为顾客服务的精神。大容量、高速化、互动式信息的互联网，为酒店按照新思维经营管理提供了可靠的物质技术基础和条件。互联网的大容量、高速化、互动式，改变了过去受空间、时间限制的服务方式和较低的服务效率。过去许多服务需要有中间商诸如旅行社、航空公司才得以有效地完成，中间商成为信息的组织和传递者，控制着酒店部分营销活动。如今使用互联网，一方面，顾客有了充分的信息来源，选择酒店商品的范围和权利大大提高，真正做到“任君选择”；另一方面，酒店获得了更强大的信息处理和传输能力，对市场的调研和市场细分更加深入可靠，并可不受空间、时间限制及时满足消费的个性化、特殊化的需求，实现“一对一”的特定营销，摆脱“非得批量才予办理”的惯常做法，从而逐步摆脱中间商的控制，营销活动更加符合顾客的需求。信息网络技术的发展，使酒店与顾客之间的沟通更自由更方便。网络营销可以改变过去被动的营销方式，而成为主动性、灵活性的营销方式。

互联网将使酒店的组织结构职能化分工向一体化、综合化方向发展，并形成以顾客为中心、顾客为导向的新的组织结构体系（扁平化的组织结构）。酒店营销战略的重要性、

灵活性随之增强，战略计划的调整将更为频繁。市场营销组合也由4PS（产品、价格、销售渠道和促销）策略转化为4CS组合（满足顾客欲望、满足欲望成本、满足购买便利和满足沟通）。这是消费者参与信息控制之后的客观要求。

（二）在信息海洋中，迅速、准确地解决供需双方“各取所需”的信息问题可以得到突破

酒店网络营销一个关键问题是要提供快捷、准确的信息服务。商品经济最本质的表现形式就是“供”和“求”两个字。经济发展必然造成“供”的大量增加，而新的“求”一方面刺激着新的“供”，另一方面又淘汰着老的、旧的“供”，从而发生无休止的运动。谁真正能在若干具体的“供”与“求”之间架起桥梁，谁就是成功者。酒店营销工作的成功，关键也在这里。我们可以通过网络营销，实现全天候的供需双方信息的沟通。

（三）充分利用互联网的优势，在酒店营销、公关广告宣传手段上取得突破

事实上，目前国内已有多家酒店利用互联网进行了一系列的公关、广告宣传活动，并迅速获得了信息反馈和显著的经济效果。酒店进行网络广告有着传统广告不可比拟的优势，这些优势是：（1）成本低，制作一个网络主页仅需几千元人民币；（2）不受时间和空间的限制，并容易调整广告的信息内容；（3）酒店与顾客可以双向交流。

（四）建立面向顾客的服务体系，实现直销的突破

建立面向顾客的直销服务体系，包括：（1）向顾客传递有关服务项目、服务特色、价格以及可为顾客带来独特利益的信息。（2）帮助顾客在线解决问题，减少顾客购买和查询住处的货币成本和精力、体力等非货币成本，从而提高顾客感觉中的价值。（3）向顾客提供网上模拟服务，使顾客身临其境感受服务，以降低其购买风险和疑虑。（4）根据有关顾客偏好等信息，事先准备好顾客所要求的“定制化服务”以提高顾客的满意程度。（5）减少旅行社、航空公司等中间环节下的直接营销渠道服务。（6）为降低成本建立酒店与设备生产厂或原材料供应厂间的直接联系服务。

总之，今天的酒店已处于网络信息环境之中，谁能及早认识并采取网络营销手段，谁就会在酒店经营中获得更大的市场空间，并具有更多更强的竞争优势。

第四节 酒店未来发展趋势

酒店管理是酒店运营体系当中的一个基础环节，决定着酒店的各项工作是否能够有序开展，甚至关系到酒店在行业市场中的发展乃至存亡。在社会竞争愈发激烈的当今时代，不同规模、不同类型的酒店迅速增加，酒店管理思想与方式只有随时代趋势而不断更新，才能应对酒店行业的激烈竞争。

我国酒店业是与国家经济、文化发展息息相关的一个行业。特别是在旅游业与文化产业兴旺发展的趋势下，众多外资酒店以及中外合资酒店的入驻，使酒店之间的竞争愈发激烈，酒店的管理思想与管理方式要随之革新，才能满足新时期背景下在行业市场稳定发展的目标。

一、集团化、品牌化

品牌建设是让大众认识并认可一个企业的必要途径。对于酒店企业来说，品牌的建设同样重要。特别是在信息社会，因酒店的健康与安全事件在网络上广泛传播，社会大众在外出有住宿需求时，往往更加倾向于选择有口碑的，健康、安全、可靠的品牌酒店。面临着中外合资以及外资酒店的冲击，我国的酒店需要认识到当今酒店行业国际化程度越来越高的事实，重视品牌建设以及集团规模的拓展。在品牌建设的大目标下，企业首先需要专注于产品与服务质量的提升。大到整体的环境整洁，小到房间中一些储备的生活用品质量，都不可敷衍了事。要做到细节取胜，将品质渗透到每一处。其次是要提升服务的整体水平，应保证生活、娱乐、学习、体育训练所需的设施一应俱全，包括餐厅、健身房、图书室等，尽可能囊括在内，才能给予顾客更加理想的住宿体验。对于内部服务人员队伍的专业培训与考核必须严格落实，对于服务人员的着装、话术、工作流程等均不可忽视。对于安全细节更应重视，楼道安保设备必须要确保齐全，客房的安全措施不可有任何缺失，才能得到顾客的信任。再次是要积极利用文化资源，体现酒店特色。要重视酒店特色与当地文化特色的融合，让当地顾客感受到亲切，让外地顾客感受到当地的独特文化气息。我国地大物博，造就了多元的文化环境，不同地区的社会背景，造就了不同的文化特色，也为我国的文化增添了不同的色彩。云南的温婉秀丽，内蒙古的豪放朴实，西藏的神圣高洁，都是我国文化的不同侧面。而酒店品牌的建设，也离不开文化基础。除此之外，随着时代的不断发展，酒店也要从国内外的不同文化形式当中获取灵感，打造不同的主题。如民俗文化、农耕文化、动漫文化等，这是酒店品牌建设的重点。最后要重视利用不同宣传方式与渠道。随着时代的不断进步，微信、微博等社交平台以及抖音等短视频平台的广泛普及，酒店宣传也有了更多渠道。为了提升品牌的认知度，酒店的广告设计与投放必须尽可能以多种形式覆盖不同平台，才能提升品牌的影响力。随着消费群体的年轻化，酒店的推广内容也应当尽可能迎合受众，可以适当融入大众喜闻乐见的桥段或是流行词，吸引受众的注意，自然能够达到推广效果。

二、生态化

在当今时代发展趋势下，生态化是酒店管理发展的必然趋势。在实际的酒店管理过程中，生态化主要体现在以下三个方面。其一是酒店的初期设计、建设与装潢，要选择生态化的功能布局，最大限度减少不必要的空间与资源消耗，要摒弃华而不实的设计，真正做到最大限度减少酒店建设对环境的影响。其二是在实际的经营过程中，必须最大限度减少餐厅的食品浪费，厨余处理应尽可能选择可再利用渠道，包括饲料制作等。同时要严格管理餐厅、客房等各个部门的垃圾处理，包括对垃圾的分类，对可再生资源的回收等。客房生活用品应做到按人投放。其三是酒店内的电、暖、水等都应采取智能控制，实现全面智能化，减少不必要的资源与能源消耗，同时优化顾客的住宿体验。

三、人本化

酒店的发展离不开拥有专业知识与能力的人才，也离不开顾客的支持。因此，对于员工，酒店一方面要做好基层管理，要确切落实培训、福利与奖惩机制。培训机制是为了让员工有不断提升的机会，通过自我强化去实现自身价值。另一方面要确保员工的保险、住房基金等福利措施落实到位。对于表现优异的员工，要给予合理的嘉奖。应当设置工龄工资以及其他的工龄奖励晋升机制，包括离退待遇等，让员工更加忠于本职工作，忠于企业。对于顾客，更要秉持热心、贴心、暖心的原则，认真服务。任何有利于优化顾客体验的话语与服务，都是必要的。一句带着笑容的问候，等待时一杯温热的饮品，都能让客户产生发自内心的愉悦。除此之外，客房环境的干净整洁，对于不同设备功能的详细指示，对于送餐以及其他客房服务的及时响应，都是优化客户体验的重点。要通过认真、贴心的服务，让客户有宾至如归的体验。

四、完善酒店产业链

当今的酒店业，在产业规模上的拓展，以及与各个领域合作的深化已经成为必然趋势。酒店服务的本质，是要为顾客提供全方位的优质生活体验，并不仅限于基本的住宿与饮食。为此，酒店企业必须做到广泛拓展自身关系网，拓展产业链，拓展服务范畴，加大与不同领域的合作力度，才能为自身的发展打开局面。特别是当今受到大众欢迎的新兴产业，如电竞产业、室外拓展训练等，都可与酒店产业关联起来，成为主题酒店，或是民宿酒店一体化的休闲基地。此外，还要重视与旅游业、生态农业等产业的融合，使酒店的产业规模进一步扩大，实力得到进一步提升，对外的知名度也能得到进一步提升。除此之外，在国际化的发展背景下，还要重视与国外产业的互动，可以与国外的企业进行品牌联动，拓展国外市场，吸引国外客源。相信随着酒店产业体系的不断完善，与新兴产业的不断融合，顾客在入住酒店后能够有更加便利的居住与生活体验。

参考文献

[1] 陈明，李俊. 酒店管理与数字化运营概论［M］. 北京：旅游教育出版社，2022.

[2] 尹萍，张立俭，张媛. 酒店收益管理［M］. 北京：旅游教育出版社，2022.

[3] 刘晓杰，邵雯，刘居超. 中国饮食文化［M］. 北京：旅游教育出版社，2022.

[4] 王唯. 当代视域下酒店的管理与经营变革［M］. 长春：吉林大学出版社，2022.

[5] 唐志国，牟青，栾鹤龙. 酒水服务与酒吧管理［M］. 北京：旅游教育出版社，2022.

[6] 李雨轩，杨晓星. 民宿运营与管理［M］. 北京：机械工业出版社，2022.

[7] 陈增红，韩爱霞，鹿敏. 餐饮服务与数字化运营［M］. 北京：旅游教育出版社，2022.

[8] 唐凡茗，程芸燕. 互联网+背景下的酒店新业态探究［M］. 武汉：武汉大学出版社，2022.

[9] 刘萍，闫雪梅，刘鎏. 前厅服务与数字化运营［M］. 北京：旅游教育出版社，2022.

[10] 陈平平，肇博，吴水田. 校企协同人才培养探索：广州大学酒店管理实验班案例［M］. 重庆：重庆大学出版社，2022.

[11] 穆林作. 互联网时代的酒店管理［M］. 北京：中国轻工业出版社，2021.

[12] 邓爱民，任斐. 酒店管理［M］. 2版. 北京：中国旅游出版社，2021.

[13] 李伟清，黄崎. 酒店管理概论［M］. 北京：北京理工大学出版社，2021.

[14] 大理大学经济与管理学院. 酒店管理综合实训指导［M］. 北京：中国旅游出版社，2021.

[15] 张瑜. 新时期酒店管理理论与实务研究［M］. 长春：吉林科学技术出版社，2021.

[16] 韩茜. 旅游市场发展与酒店管理研究［M］. 长春：吉林文史出版社，2021.

[17] 李聪媛. 前厅与客房运营管理 新形态版［M］. 北京：机械工业出版社，2021.

[18] 单铭磊. 餐饮运营与管理［M］. 北京：中国商业出版社，2021.

[19] 唐颖作. 酒店服务运营管理［M］. 武汉：华中科技大学出版社，2021.

[20] 李聪媛. "一带一路"背景下的云南省高职本科酒店管理专业人才模式创新研究［M］. 昆明：云南科技出版社，2021.

[21] 刘伟. 酒店管理案例分析［M］. 重庆：重庆大学出版社，2020.

[22] 丁林. 酒店管理概论［M］. 2版. 北京：机械工业出版社，2020.

[23] 李红艳. 酒店工程管理与实务 [M]. 北京：北京理工大学出版社，2020.

[24] 姜红. 酒店运营管理 [M]. 武汉：华中科技大学出版社，2020.

[25] 罗东霞. 酒店运营管理 [M]. 北京：中国旅游出版社，2020.

[26] 王晓亚. 酒店服务质量管理 [M]. 哈尔滨：哈尔滨出版社，2020.

[27] 吴旭，钱立新，谢丽英. 酒店企业学院课程管理 [M]. 长春：吉林人民出版社，2020.

[28] 黄秀琳，林春容. 酒店服务与管理教学案例集萃 [M]. 厦门：厦门大学出版社，2020.

[29] 王晓均. 酒店餐饮精细化管理从入门到精通 [M]. 北京：中国铁道出版社，2020.

[30] 王书侠. 线上酒店客户关系管理研究：基于顾客满意与忠诚的视角 [M]. 中国原子能出版社，2020.